目 录
CONTENTS

第1章

CHAPTER ONE

引　言

感谢您阅读《如何在课堂上提问》一书。本书包含大量的实用方法、课堂活动和教学技巧，无论您教授哪个年级、何种科目，都可以从中获益。

阅读本书，可以助您改进课堂教学实践，让学生获得更加完美的课堂体验。

考虑到教师的日常工作非常繁忙，书中所列举的策略、技巧和课堂活动都是即拿即用的，而且非常实用。

此外，本书收集了1200多个常见的课堂问题，稍加变化就可以应用于您所教授的任何科目。

本书将帮助您成为一名卓越的教师，使您的课堂更具吸引力，从而使学生的参与度提高，让每个学生都爱上学习，学会批判性思考。

本书分为以下几部分：

第2章分析问题的本质，这一章的内容是后续章节的理论基础。如果您对教学实践更感兴趣，可以略过这一章，直接阅读第3章和第4章。这两章包含了大量的的教学策略、教学技巧和课堂活动，您可以直接将之应用到课堂中去。

第二部分提供了超过1200个现成的问题，这些问题稍作调整就可以被应用到您所教授的任何课程中，这些问题中的字母"X"代表任何您想提问的主体。

举个例子：

"未来的X会有什么不同？"

可以变成多个问题：

"未来的民主会有什么不同？"

"未来的宗教崇拜会有什么不同？"

"未来的学校会有什么不同？"

等等。

无论您讲授的主题是什么，都可以按照这种模式提问。

第6章到第10章是根据布卢姆教育目标分类法提出的问题。

第11章是与不同课程领域相关的哲学问题。

第12章提供了90个可用于任何课程总结的通用问题。

第13章举例说明了如何围绕一个主题创建问题。

第14章是结语。

当然，如何使用这本书，完全取决于您自己。我的建议是把它看作一个指南，在您的教学方法中适时采用，或者用它来设计一些课堂参与度高、能激发学生学习兴趣并能令人从中获得乐趣的课程。无论您选择如何使用它，我相信它都会给您的教学实践和学生的学习体验带来显著的益处。

第2章

CHAPTER TWO

什么是问题

本章中，我们将着重分析问题的本质，以便为后续章节中的课堂活动、教学策略以及书中的例子提供理论基础。

如果你对即拿即用的课堂实践方法更感兴趣，可以直接跳到第3章。

首先，我们需要归纳出问题的总体特征：

I. 在书面语中，通常以问号结束。在口语中，有明显的语调变化。

II. 提问的目的在于引发回答。

III. 使用一个或多个引导词，引导受众回答问题。

IV. 隐含的命令意味（换句话说，就是要求对方必须回应）。

V. 期待得到回答。

可以说，大多数问题都具备这些特征（当然，反问句除外），我们将对这五个特征进行一一探讨，以便更好地理解它们。

请看以下几个句子：

1.1 什么是问题

1.2 什么是问题?

2.1 你好吗

2.2 你好吗?

3.1 风力涡轮机的最佳安装位置在哪里

3.2 风力涡轮机的最佳安装位置在哪里?

问号的作用主要是表明在它之前的语句是一个问题。在例子1.1、2.1和3.1中,我们很自然地认为这句话是一个问题,这表明我们对问题的一般形式已经习以为常。此外,这也表明,我们能够利用我们对问题的了解,对那些看上去具备一个问题应有的大部分(尽管不是全部)特征的句子进行推断。

同样,如果我们对某人表述1.1、2.1和3.1,他/她也极有可能认为我们是在问问题。我们在表述这些句子的时候,也很难做到不加任何语调。即使我们在表述时弱化了语调,尽管听起来有点别扭,听众仍然会觉得这是个问题。

因此,问题的提出通常遵循以上两种惯例,一种是书面的,另一种是口头的,它们都是用来提示受众,这是一个问题。通常它们有以下几点作用:

I. 减少歧义。

II.(通过这两种形式)把书面或口头的表述界定为问题。

III.(代替句号)结束一个句子。

Ⅳ. 表示命令（问题是要"问"的，不是"说"的，仔细体会"问"和"说"的含义有何不同）。

Ⅴ. 表明希望得到回复。

想象一下，我们正在和一个不会说话的婴儿交流。我们会很自然地问这样的问题："谁是好孩子呀？""这是什么？""怎么了小宝贝？""谁喜欢挠痒痒？是你吗？"显然，这些问题得不到回答，除非说话人选择自问自答，但这个婴儿可能会用一些肢体语言来表示回复。如果是这样的话，这并非是说话人期待的话语形式的答复，更多的是一种对刺激的反应，这是一种最原始的、没有受到任何文化影响的回复。

明知道婴儿不会回答，却还要问他/她问题，这个例子引出了很多有趣的点。首先，它表明了问题在语言使用中的中心地位。其次，它指出了孩子在成长过程中应具备理解"问与答"这一行为的能力，这是非常重要的。第三，它暗示了我们对于问题总是期待答复的，无论是用语言或者非语言的形式。我们将着重讨论最后一点。

语言是人们用来互相交流的工具，单词可以用来指代事物，词组也可以指代事物，说话者和听话者都明白（也可能不明白）其指代什么。如果我对你说"我昨天看到了一只狗"，那么你就要知道：

"我"是一个代词，在这句话中，"我"就是说话者——麦克·格尔森。

"看"指使视线接触到某物。

"狗"是指我们对某一类动物的称呼（这里的分类是按照某一类事物所特有的共同属性来划分的）。

"昨天"指的是今天以前的那天（"今天"指的是我们现在所处的时间，即上午0时至晚上11时59分之间的这段时间，这是我们通过时钟，根据机械计量单位来确定的，昨天和今天的区别就在于这中间差了一个完整的时钟周期）。

如果进一步分析句子中的每一个词，我们可以发现，每一个简单的句子实际上都包含着更多的知识，我们之前的论述很好地证明了这一点。也就是说，语言是一个交流工具，语言够能帮助我们分享内心的感受（如想法、感觉等）以及我们在外部世界中的经历（比如，我并不是要跟你分享这条狗，只是分享我看见了一条狗这个经历）。

现在我们再回到之前的例子，向一个不会说话的婴儿提问得不到回复这件事情，从中我们可以看到，问题最重要的一个特点就是期待得到回答，这与之前我们总结的问题的总体特征是相呼应的。

父母愿意同婴儿互动，让孩子适应语言的世界，向他们示范语言是什么。不仅仅通过单词来向他们示范，也向他们展示如何按照规则和惯例将单词串联起来，以便让孩子们更好地理解语言。

问题在本质上就是要获得回应。语言是连接个体思维的桥梁，问题在语言中起到了重要的作用，其中一个作用就是它是搭建桥梁的起点（回答就是桥梁的终点。现实生活中这样的桥梁数不胜数，毕竟这就是我们与他人沟通的方式）。

我们已经简单地探讨了问题的第一个和第五个特征，下面我们来思考一下问题的第二个特征，即提问的目的在于引发回答。

基于我们之前所讨论的内容，当我们提出一个问题时，自然就会期待得到答复。而问题之所以被看作问题，是因为它遵循了提问的惯例。

以此为前提，我们可以推论出，提出问题的目的在于引发回答。如果所有的问题都带有期待答复的特征，且所有的问题都遵循提问的惯例，那么受众就无可避免地担负着回答问题的义务。有时候，问题并不需要通过口头或者书面的形式回答，可能仅仅需要受众在脑海中思索一下答案。比如教材中提出的问题，作者的意图是想让读者对这些问题进行思考，而读者很有可能在脑海中思索了这些问题的答案，但并没有给出口头的回答。

期待得到回答和引发回答，这两个特征是紧密相连的。这两者都指向了一个事实，那就是通过问题我们可以了解别人的想法。这两者的区别在于期待得到回答是问题的一般特性，而引发回答是指一个提问者通过诱导从而得到回复的行为。让我们通过几个例子来具体解释二者的区别：

1. 你今天买了什么？

2. 这些东西多少钱？

3. 我有点担心约翰，你觉得我们应该怎么办？

在例1中，提问者想要得到具体的信息，他们想要知道同他们说话的人买了什么东西，这就好像在他们之间搭建一座思想的桥梁。他们这么问，可能是出于以下的考虑：

- 他们可能担心钱。

- 他们可能非常感兴趣，或者只是表面看上去感兴趣。

- 他们可能想要创造一个机会，来谈论一下他们购买的东西。

我们能想到一长串的原因来解释提出这个问题的缘由。可以毫不夸张地说，无论是何种原因，这里面都体现了问题期待得到回答这个特点："我正在问你一个问题。遵循提问的惯例，我正在向你询问某件事情。因此，我在向你表达我想跟你一起做某件事——展开对话、交流思想、交换观点或者其他。"所以，这几个点串联起来，都是希望得到一个回复。在这个例子当中，提问者所希望得到的回答可能是十分具体的。

现在我们来解释问题的第三个特征，即使用引导词。通过引导词，被提问的人可以大致清楚他们被要求回答什么。让我们举个例子，同时也继续区分问题的两个特征——期待得到回答和引发回答，下面看例2：

"这些东西多少钱？"通常在商店或者市场里，人们会问这个问题，它暗含了期待得到回答的意思。提问者没有拿起这个东西，把它放到售货员面前，也没有一边指着这个东西，一边指着自己的钱包。说到这里，你可能会质疑，这个问题似乎与"期待得到回答"这个特点相矛盾。这个提问者希望得到的其实是一个非常有针对性的回复，他在了解一条信息之后，可以结合该信息了解其他事物。提问是搭建了一半的桥梁，在这个例子中，回答问题的人需要抓住这个机会与之详细交谈，或向提问者发问，或向提问者详细解答他所咨询的商品的价格。这就让"期待得到回答"和"引发回答"两个特征可以并存，也更进一步说明了这两个特点既有相通之处，又有不同之处。

现在我们来看一下引导词。"这些东西多少钱？"这句话具有引发回答的作用（想一想如果店员没有回答，买东西的人会多么扫兴）和期待得到回答的隐含意味。这两个特点的适用范围受到这个问题结构的限制，这个问题可以分为两部分："多少钱"和"这些东西"。

"多少钱"表明被提问的人需要提供特定的信息，这个信息是与数字相关的，或者至少是可以用来表示数目的（比如很多）。通过"多少"这个词，听话的人就可以确定问题的走向，这个问题问的不是谁、什么事、什么时间、为什么或者什么地方。而"钱"就是"多少"所要询问的领域。因此，我们知道我们要回答的是一个数值或表示数目的词句。

"这些东西"表明说话人所指的东西对于聆听者来说是非常明确的。句中的"这些"表明提问的对象是比较近的一些事物。"东西"指的是说话人现在想要知道的事物，是这个问题所指的对象，也是需要回答问题的人详细解释的事物。

现在让我们思考一下这些引导词是如何帮助被提问者回答问题的。

首先，引导词"多少钱"将问题指向某个领域。当然，店员可以不去理会，说一些其他的事情，比如"这些东西很漂亮，是不是啊？"。但这不太可能，通常他们会认识到"多少钱"才是提问者关心的事情。其次，引导词"这些东西"明确地向店员表明了顾客所关心的事物，因此店员不可能再去说其他的事情。

因此，我们需要注意以下两点：

第一，问题中会包含一些词或者词组来指向特定的回复，即回复需要涉及某个领域，或者需要采用特定的回答方式，比如该例子中的"多少钱"。

第二，问题中包含的词语或者词组可以清楚地显示出这个问题是关于什么的，比如该例子中的"这些东西"。

可以说，大部分问题，甚至所有问题都包含这两点。第二点相对来说不太重要，因为在我们提出问题时，只有在听话人听懂了我们所要提问的内容的情况下，才算得上是一次成功的提问，但第一点却非常重要。这是为什么？我们可以通过下面的例子来思考一下形式和内容哪个更重要。

请看下面的问题：

X有多大？

这个提问形式可以被反复使用，因为根据不同的场合，X被可以替换成任何内容。

- 法国有多大？
- 狐狸有多大？
- 足球有多大？
- 巴里有多大？
- 雷鬼音乐的范围有多大？

综观上述问题，我们会发现，这些问题的形式没有改变，只是内容发生了变化。通过这些变化，我们认识到"有多大"这个引导词可以涉及很多事情。然而，必须要指出的是，回答的形式也大都是相同的。由于不同的物体有不同的测量方式，回答的内容可能会有所不同，但回答的形式应是相似的。总体而言，这是由于在引导回答时，问题的形式比内容更重要。

当我们在课堂上提问时，我们要谨记这一点。这里要重申：

总体而言，在引导回答时，问题的形式比内容更重要。

为了证明这一要点，我们再举一个法庭的例子。

律师询问或者反诘证人时，所问的问题内容很重要。这决定了证人所要回答的问题的范围。然而，问题的形式要比内容更重要。

一个好的律师会（以一种几乎察觉不到的方式）操控证人，通过询问问题来帮助委托人赢得官司。律师通常会问证人一系列的问题，这些问题只能用非常简短的、非常具体的话语来回答，有时只需要回答"是"或者"不是"。这样做的目的不是要做伪证，而是要引导证人的证词向着最有利于委托人的方向发展。

如果律师站起来问证人"先生，告诉我当时发生了什么？"，答案将会是五花八门的，很多证词甚至会非常不利于律师的委托人（比如一个证人的证词可能与另外一个证人的完全相反）。这是因为以这种形式提问，就相当于告诉证人，你可以回答任何你想回答的方面。

下面这个例子，可以证实我们的说法：

律师：你叫什么名字？

证人：约翰·史密斯。

律师：你住在哪里？

证人：汉普顿花园3号。

律师：你认识被告吗？

证人：认识。

律师：你是通过工作还是其他方式认识被告的？

证人：通过工作。

律师：你跟被告在汉顿地毯厂工作吗？

证人：是的。

律师：你在汉顿地毯厂工作了多久了？

证人：一年。

律师：你知道被告在汉顿地毯厂工作了多久吗？

证人：知道。

律师：你能告诉我们被告在汉顿地毯厂工作了多久吗？

证人：一年，他跟我是同一天入职的。

律师：你刚去汉顿地毯厂工作时，参加过培训吗？

证人：参加过。

律师：培训包括健康和安全培训吗？

证人：包括。

律师：健康和安全培训包括如何使用工业地毯清洁剂吗？

证人：不包括。

律师：培训包括如何使用工业化学品吗？

证人：不包括。

律师：被告和你接受的培训相同吗？

证人：是的。

律师：你怎么知道是相同的？

证人：因为我们在同一组。

律师：好的，现在我没有问题要问你了。

在这个例子中，律师让证人做的回答都非常简短。问题的形式表明只允许做出特定的回答（在这里"做特定的回答"是指遵照日常生活中说话的规则以及在法庭上发言的要求回答问题，这区别于我们平时回答问题的规则）。律师并没有诱导证人回答问题（询问时没有使用反问句，比如"培训不包括如何使用工业化学品，对吗？"），只是通过使用特定的问询形式和结构对证人加以引导。

现在，我们来讨论问题的第四个特征——隐含的命令意味。请思考下面这个问题："我有点担心约翰，你认为我们该怎么做？"

这个问题同时体现了问题的两个特征，期待得到回答和引发回答。说话者希望知道另外一个人的看法，两个人对约翰都很关心，迫切想知道对方的看法。

同时，这个问题也有命令对方必须回答的隐含意味。提问者使用问句就是希望知道对方的想法，这是陈述句所不具备的。请看下面的例子：

我喜欢鱼。

你喜欢鱼吗？

第一句话是表达说话人的想法，第二句话是询问别人对鱼的看法。由此我们可以看出，问题的一个特征就是命令对方作答。不同的问题命令的程度可能有所不同，并不是所有的提问都会得到回答，但是所有的提问都隐含了要求对方回答的意味。

阅读下面的一组句子，我们可以看出这几个句子当中隐含的命令意味是由弱到强的。

你对鱼有什么看法？

你对鱼有什么了解？

你了解鱼吗？

准确地说，你了解鱼吗？

你今晚想不想吃鱼？

如果我在你面前吃鱼，你有意见吗？

你为什么这时候带一条鱼回家？

你为什么这时候带一条鱼回家，脸上还挂着这么奇怪的表情？

你会发现句子中隐含的命令意味越强，就表示提问者希望得到的具体信息越多。例如最后一个问题，它就像握在提问者手中的一把武器，要求得到对方的回答。

我们再来思考一下律师问的问题，这些问题都隐含着很强的命令意味，要求证人必须回答。和我们列举的最后几个问题一样，它们被提出的目的都在于在提问者和被提问者的思想之间建起沟通的桥梁。

需要补充的一点是，问题中所隐含的命令意味的强弱不仅与提问时的选词有关，而且在口语表达中，与提问的语调、肢体语言和手势等都关系紧密。

这对课堂提问有什么启示？

弄清楚了什么是问题之后，我们要进一步将理论运用到具体实践中。现在让我们一起看一下弄清楚了问题的几大特征对课堂实践有什么指导意义，我将逐一对这五条特点加以解释，以便更加清晰明确地阐明我的观点。

I. 在书面语中，通常以问号结束。在口语中，有明显的语调变化。

为了让学生明白我们是在提问题，我们必须采用适当的形式。在书面语中，学生基本上都能理解。但在口语中，学生有时候会不明白老师为什么会用特殊语调，不清楚老师想让他们做什么。如果学生没有明白，你可以再重复问一遍，或者加重语调。

II. 提问的目的在于引发回答。

在问问题时，我们需要考虑我们期待学生做出什么样的回答，这一点非常重要。教师需要问自己：为什么要问这个问题？否则，提问的效果就会大打折扣。

在课堂上，我们会启发学生提供各种各样的信息，包括：

- 学生已经知道的信息
- 学生能够回忆起的信息
- 学生已经理解的信息
- 学生听到的、读到的和观察到的信息
- 诊断性信息
- 对已经学过的知识的总结信息
- 对过程理解的信息
- 有助于学生形成观点和看法的信息

- 展示某种技巧（如推理）的信息

- 可被评估的信息

- 已经使用过的信息

- 解读材料的信息

这一列表还可以继续补充完善，教师通过提问可以获得广泛的信息。

提前考虑好提问的目的，有下列三个好处：

1. 你可以根据你的目的创建和提出问题，这会帮你得到想要的信息。

2. 你可以通过提问促进学生的学习，这是因为与学生进行有目的的互动，有助于你实现教学目标。

3. 这将节省你的时间，因为你在提问时不需要再进行思考。如果边思考边提问，通常会使提问时间延长，提问重点不清，最终会导致无论是老师还是学生，都不知道在问什么，为什么这么问。

因此，要想通过提问引发回答并获取信息，老师在提问时就应该考虑他们期待什么样的回答，以及他们为什么要提问。

需要指出的是，我并不是说只能提那些能够得到特别具体的回答的问题，老师应该清楚他们想要得到哪种回复，以及为什么要得到这种回复。比如，在一堂公民教育课上，老师可能要求学生就某一事件提出自己的论点，问题的内容可以不那么具体，但问题的形式一定是非常具体的。

III. 使用一个或多个引导词，引导受众回答问题。

教师在组织问题时应该非常谨慎，在引导学生做出回复时也要有分寸。请看下面两个例子：

民主是什么？

民主可能是什么？

在第一个句子中，"……是什么"让回答者认为这个问题是关于某个特定的事情，因此回答也要与此相关。"什么"意味着需要提供信息。"是"表示句子的主语是特定的事物，因此，"是"和"什么"结合起来限定了回答者回答问题的范围。对于要求回答者提供的信息已经有了限定，回答者应做出一个具体的答复。

在第二个句子中，句子依然是关于某事物的提问，但该句子中并没有做具体的限定，因为句中使用了"可能"一词。"可能"这个词语暗含了多种可能性。这表明，在"民主可能是什么？"这个问题当中，答案不是唯一的。因此，这个问题可以有多种答案。

这个例子说明，问句中的选词会影响学生作答。此外，这也会对老师通过提问获取怎样的信息有影响。如果老师一直用第一种方式提问，那么他/她将不能：

- 看出学生理解了多少
- 鼓励学生进行讨论
- 鼓励学生进行论证
- 允许学生从错误中学习
- 让学生独立探索观点

当然也不可能一直以第二种方式提问，在某些情况下，这种提问方式也许不是最佳的。但老师应时刻牢记：使用引导词会影响学生作答。总结这一小结的内容就是：

你用什么样的方式提问，就会得到什么样的回答。在提问前要想清楚，你想要得到什么样的信息。

IV. 隐含的命令意味（换句话说，就是要求对方必须回应）。

作为一名老师，当你提问时，你需要考虑提问时语气的强弱程度，以及你为什么要用这种程度的语气来提问。随着长期的磨炼，你会渐渐感知到，在不同的场合中，提什么样的问题是最合适的。在某些课堂或课程中，提出含有较强命令意味的问题是有必要的，而其他情况下则需要老师自己掌握分寸。下面两个例子解释了教师在不同的场合下应如何把握提问的分寸：

假如你班上的学生很不听话，如果不严格要求的话，学生会表现得很差。在这种情况下，你提问的语气可能会比较强硬，只有这样，你才能够掌控整个课堂，保证良好的课堂秩序。你可以通过转换提问方式提出有很强命令意味的问题，也可以更多地使用书面问题而不是口头问题，要求学生做出书面回答会加重你提问的命令意味。

假如你现在正在和学生讨论一个敏感的话题，比如失去亲人的痛苦。那么由于这个话题的特殊性，你会倾向于用一种温和的口气来提问。若语气强硬，会使得提问不合时宜。强势的提问会造成一种不利的氛围，无法激发出学生的感情，学生将会很不情愿分享自己的观点和看法。此外，学生也不会积极地进行讨论，因为这样的话题需要老师使用较为温和的提问方式。

这两个例子说明，在很多情况下，外部的因素会影响老师提问时语气的强弱。老师最好考虑好他们提问的目的，然后再决定使用何种语气比较合适。

同样值得一提的是，在一堂课上，老师可以使用多种不同的语气。此外，教师在提问的过程中需要适当调整语气的强弱，这要根据学生的反应来定。

教师也可以用不同程度的语气重复同一个问题，也可以变换说法，这需要根据学生的反应（或者没有反应）来随时调整。

V. 期待得到回答。

在课堂上提问是交流思想的好方式。通过问问题，或者认真地考虑要问什么问题，老师可以创造出一种交流互动的氛围，在合作交流中掌握新的知识，这与刻板的说教相比，效果要好得多。

我们之前所讲的部分也可以体现出交流互动的重要性。从某种意义来说，这里要讨论的是老师通过提问所营造的氛围。也许这种氛围可以自发产生，那再好不过，否则，教师就要积极地设法营造。

告诉你一个屡试不爽的好方法，那就是不断重复。如果你一直不停地问问题，积极营造互动的气氛，那么你极有可能成功。但如果你的问题缺乏连贯性，学生可能会不理解你的问题，不知道如何去回答，因此他们就不会像你预期的那样积极回应。

结论

本章简单地介绍了一些理论知识，这样做的目的有两个：一是希望你可以通过阅读这部分内容，对提问有一个批判性的态度，可以理性地分析课堂实践，帮助你分析所有可能影响你课堂的因素；二是本章中的几个理论要点可以用以支持后文中的实例。我认为把这章放在开头部分，可以让你了解如何使用这些策略、技巧、课堂活动和例题，深入理解其中的逻辑和原理。下面是要点总结：

- 问题的总体特征。

- 对于被提问者来说，问题隐含着命令的意味，目的在于引发回答。

- 问题能够搭建思想沟通的桥梁。

- 问题可以增加互动。

- 总地来说，在引导回答时，问题的形式比内容更重要。

- 问什么样的问题，就会得到什么样的答案，因此，在问问题之前你要考虑清楚你想要得到什么样的信息。

第3章

CHAPTER THREE

15个帮你有效提问的
策略与技巧

在这一章中，我们将介绍15个不同的策略和技巧，帮助你在课堂上更有效地提问。

1. 培养成长型思维：知识不是一成不变的

在过去，下面这些言论曾一度被人们当作真理：

- 地球是平的。

- 地球是静止的，天体围绕着地球转动。

- 人体由四种基本物质组成（黄胆汁、黑胆汁、血液和黏液）。
当这四种物质失衡时，人们的健康和性情就会恶化。

- 所有的天鹅都是白色的。

- 燃素是一种类似火的元素，在燃烧过程中释放出来。

这些言论后来都被证明是错误的。然而，在过去相当长的时间里，很多人对此坚信不疑。人们的思想和行为被这些现在看来是错误的言论所影响和引导。当时一些驳斥这些言论的观点甚至遭到了无情的嘲笑和蔑视。人们提出了各种理由和证据以证明自己的信念是正确的。与他们不一致的意见都受到了冷遇。

然而，现在我们知道，上面提到的理论都是错误的。天文学和物理学的研究告诉我们：地球是一个球体，它依照轨道围绕太阳转动，月球是唯一围绕着地球转动的天体。

医学的发展已经表明，人体并不是由之前提到的四种基本物质组成的。人们也了解到痛苦和疾病是由多种原因造成的。

通过观察，人们发现有些天鹅是黑色的。

燃素并不存在。很多实验已经证明，燃烧是因为空气中有氧气存在。地球上不同地域的人们都可以通过实验来验证这个观点。

我们从中可以得出两点结论。首先，人们对事物的理解会随着时间的变化而变化。此外，可以说，通过各种方式——包括写作、观察、实验和计算，人类对世界的理解已经得到了长足的发展。其次，通过批判性思考，个人才能够发展出不同的理论，并对那些被认为是理所当然的理论提出质疑。

作为教师，我们希望在课堂上培养学生的批判性思维。在传授知识时，我们要让学生知道，知识是可变更的，而不是一成不变的。通过提问，我们就可以培养学生的这种意识。

正如上一章中所提到的，使用"可能"一词来对学生提问，可以帮助我们实现这一目标。如果我们对提出的问题稍作改变，使它能够从多个方面进行回答，就能促使学生在课堂上积极地进行推理和分析，运用批判性思维等。

提问并不是让学生去猜测老师已经知道的、想要让学生掌握的正确答案，而是帮助学生通过认真思考和讨论，得出一个合理的答案。

民主是什么？

民主可能是什么？

第二个问题会让学生去推理、分析、评价和检验，但第一个问题却无法让学生做到这些。老师向学生提供一些信息、证据和例子，学生会自己想出一个答案或者通过小组讨论得出一个答案（或一组答案），这都需要学生运用批判性思维。

让知识成为开放的还有两个好处。首先，教师能够详细地了解学生的想法以及他们为什么这么想，这与那些封闭的问题相比更有用。这意味着老师可以了解学生的思路以调整自己的教学，包括根据了解到的信息进一步提问，提供反例或对答案加以解释等。

第二个好处是，我们必须运用逻辑、证据、例子和推理，才能使我们的结论和答案站得住脚。自启蒙运动以来，真理的标准得以不断发展和完善。让知识成为开放的，意味着我们也会成为完善真理标准的一份子。通过提出具体的作答要求，以及对他们的回答进行进一步的分析和评估，我们可以培养学生的批判性思维。

下面两个例子可以用来解释我的观点：

例一：

老师：民主是什么？

学生：这是一种政治制度吗？

老师：是的，回答得很好。

例二：

老师：民主可能是什么？

学生：民主可能是我们应该渴求的事情。

老师：为什么这么说？

学生：嗯，因为我们经常会在报纸上读到，在电视上看到，人们也经常谈论民主，把它看作一件好的事情。

老师：是什么让人们认为民主可能是件好事？

学生：嗯，我知道民主可以让人们对事情进行投票，也许人们认为投票是好事。

老师：为什么你认为投票可能是件好事？

在第二个例子中，也许老师会引导学生最终对民主做出一个正式的定义。在这个过程中必然会有一段长长的对话，这有助于教师了解学生对知识的掌握和理解情况。

总之，把知识看作开放的有很多益处，它可以帮助人们重新思考一些传统的问题。除了用"可能"这个词来提问，你还可以用"可以""能够"和"将要"等词语来提问。你也可以用其他的提问句式，比如"（关于X）你能想到一些其他的可能性吗？"或者"（关于X）可能有什么不同的答案？"

2. 激发探索欲：用问题组织课程或课堂活动

对知识的追求是建立在问问题的基础之上的。理解力的发展、美的表达和对意义的探索都是以问题为基础的。好奇心塑造了人类，问题表现了人类的好奇心，反映了人类的大胆探索和深切渴望，以及颠覆旧思想、发展新思想的勇气；问题促使我们的内心去寻找、去理解、去和外部世界达成共识。

问题就像一个指向未来的箭头，它引导我们走向终点，为我们的行动或思考提供了方法。由于问题具有这些特征，我们可以在课堂上加以利用。请思考以下的例子：

1.1 课程名称：污染对城市的影响

1.2 课程名称：如果城市会呼吸，它们的肺会堵塞吗？

2.1 活动名称：论文写作

2.2 活动名称：为什么要写论文？

我们可以用问问题的方式来组织课程或个人活动。通过问问题，老师可以激起学生的探索欲，以此指导和激励学生。1.1的题目显示：这部分会有一些与课程有关的信息和观点。1.2的题目则暗示：我们会想办法回答这个问题，利用从这部分所获得的信息和观点来得出一个结论。第二种提问的方式会帮助我们为达成最终的目的而付诸努力。

在2.1和2.2中，课程名称从直接指明活动内容的直陈句变为旨在触及课程核心的问句。这两种形式都可以帮助学生学习论文写作。两者甚至可能包含相同的内容。然而，后者会激励学生进行积极的分析——在课程结束时，学生可以通过能否回答上来这个问题来判断自己是否学会了论文写作。

用提问的方式来组织课程或者课堂活动避免了呆板的命名方式。活动名称通常是一个描述性的标题，它可以用来表示在课堂上将会涉及的内容，但是这种标题具备较为浓厚的程序性意味。而用问句的方式，它就不再仅仅是一个名称，而是一个问题，一个被用作名称的问题。

问题提出后，要进行回答，这体现了问题的总体特征之一，即期待得到回答。按照1.2和2.2的方式提出一个问题，为了回答这个问题，需要进行调查、检验或评估。这些问题使课程或课堂活动有了明确的目标，而不仅仅是"为了上课而上课"。它们为包括老师在内的整个班级提供了努力的方向，即找到问题的答案。

此外，用问题来替代陈述性的名称可以更清楚地展现不同的活动和课程。通过讨论得出问题的答案（或者将答案写下来），进而得出自己的结论，就好像完成了一次调查。最终得出的结论是清晰、简洁和有意义的。

3. 找准提问方式：如何鼓励学生回答问题

在课堂上，你可能会发现当你问问题（反问句除外）时，没有学生回答，你会感到非常沮丧。我们在上一章已经介绍过问题的两个重要特点，那就是问题有种隐含的命令意味，并且提问者期待得到回答。

当我们向学生提问时，我们期待得到回复。如果我们并不期待得到回复，那就失去了问问题的意义（反问句除外）。学生不回答我们的问题可能有很多原因，包括：

- 他们不知道答案

- 他们感到不自信

- 他们不理解这个问题

- 他们没有听到这个问题

- 他们迫于社交方面的压力而不敢回答问题

- 他们觉得无聊

- 他们想让老师难堪

- 他们想捣乱

- 在分享自己想法时，他们会感到不安和不适

- 他们害怕回答错了

学生不回答问题的原因有很多，要想解决这些问题需要花费大量的时间。最好的方法是做好准备，防止这些问题出现。当你提问时，要组织好问题的层次，从而最大程度地降低出现这些问题的可能性。下面是你可能会用到的五种方法：

1.避免那些答案单一、直接的问题，比如"蒙古的首都是哪里？"。当然，有时这些问题是有用的，而且有时是不可避免的，但总地来说，这样的问题会让很多学生望而却步，因为他们可能会想："这个问题只有一个正确答案，我不想让别人看到我答错了。"

2.提问时，要多用一些能让学生分享想法的问题，比如"你对蒙古了解多少？"。对这种问题的回答，风险要低得多。这个问题不存在唯一的正确答案，因此，学生可以与老师和同学分享他们的想法。

3.让学生先和同伴们交谈。通过给学生们时间，让他们两人一组

讨论，你可以解决两个重要的问题：首先避免因为害怕尴尬而无人发言的情况，其次是老师和学生人数上不对等的问题。如果你站在全班同学面前提问——谁来回答呢？你把整个班级看作一个整体，因为你同时对着全班人讲话，但是全班人不可能作为一个整体来回答问题，也不太可能会有一个人主动代表全班人回答问题。如果他们真的这么做了，这真的是你想要的吗？一个人代表所有人分享他们的想法？先让学生两人一组讨论，意味着课堂上每个人都有一个安全、轻松的环境来思考问题并分享答案。

4. 给学生思考的时间。先提问问题，然后耐心等待，给他们时间去思考。他们将会分析这个问题，考虑做出什么样的回答。人们很容易陷入这样的陷阱：先问一个问题，然后要求立即答复。另一种常见的陷阱就是连续不断地提问，没有给人思考的时间，这两种情况经常在老师们没有意识到的情况下悄然出现。避免这种情况的一个好办法就是，问一个问题，然后大声地对学生说"给你们30秒的思考时间"。另一种办法是先说出问题，然后默默数到十。一定要慢。如果你做到了这一点，就会给学生留出一点思考的时间。

5. 鼓励学生写点东西。如果你将一些东西写下来，那么你就为你的短期记忆中腾出了一些空间。你也会因此而更好地反思和分析你的想法，这比将这些信息继续存储在你的大脑中要好得多。此外，当学生分享他们的想法时，也可以参考笔记。你可以这样来指导学生："把你关于这个问题的想法写下来。""把你对这个问题的回答写下来。""X可能是什么？写下你的想法"。

4. 实现提问最佳效果：区分口头提问和书面提问

要注意口头提问和书面提问的区别，这非常重要。只有这样，在使用这两种方法时，才能达到最佳的效果。在本节中，我们将逐一研究这两种提问方式，找出它们各自的独特之处。

口头提问

口头提问伴随着手势、语调和话题转折。这些非语言的特征可以帮助学生更好地理解问题。此外，当老师提问时，他们可以使用手势之类的提示让问题的意思更加清晰易懂。

在口头提问中，问题的意思并不仅仅停留在字面，在具体的语境中，问题也会有暗含的意思。比如，当老师对全班同学提出一个问题时，在句子的结尾，语气突然柔和下来，这就是一个语境的暗示，意思就是全班同学要安静下来，独自思考这个问题。

关于口头提问的第二个要点就是教师可以随时重新组织语言进行提问。当老师提问时，看到学生产生了迷惑不解的表情，他/她可以立刻重新组织语言，重新提问。在交流过程中，口头语言和书面语言相比更简单、更直接。这是因为我们在使用口头语言方面更有经验，也是口头语言的一大特点。

关于口头提问，最后一点要注意的就是它不需要像书面文章那样正式。适用于书面用语的规则并不适用于口头表达。口头表达更具有可塑性、更加开放、更依赖说话时的语境。当然，书面语言也具有可塑性、开放性和依赖语境的特点，但二者的程度不同，方式也不同。

比如，你跟朋友的信与你跟这位朋友的对话，二者之间就会有很大的不同。即使两个非常亲密的朋友，他们之间的书信往来，也不能像口头交流那样随意。

与口语表达不同，写作处于封闭的状态。除了可能出现的图像、图表或图形外，没有其他任何东西与之相伴。把你刚才读过的内容浏览一遍，就会发现它仅仅是排列在同一页上的词句。这些词句的形状和结构赋予了它们意义，但是你并不能与作者沟通交流。如果把书面的语言换成口语的表达，我对你讲同样的话，即使你看不见我，你也可以跟我进行对话。这就是为什么写作必须比口头表达遵循更严格的惯例的原因之一。

通过遵循这些惯例，写作者试图最大程度地消除歧义，使他们的思想和读者的思想能够相通。这也是为什么书面的交流能够跨越时间和距离，长时间保存下来。

书面提问

书面问题是固定的，它的优势在于它不随着时间和空间的改变而改变。想象一下，如果考试试题是由考试委员会通过口头的方式告诉学校，再由老师口头告知学生，出错的可能性会有多大。

书面问题还有一个好处就是它们可以不断地被回看，不需要被记住，这意味着它们的形式不会发生改变，也不需要占据学生的短时记忆空间。因此，学生在回答书面问题时，可以随时返回来看一下题目，这样他们就可以专心致志地回答问题了。

学生们在课堂上、考试时，回答的大部分都是书面问题。因此，我们需要注意两点：

第一，老师有责任在课上训练学生回答考试类型的问题。这并不是说老师要教学生应付考试，而是要确保学生熟悉考试题型，以应对各式各样的考试。

如果不这样做的话，学生参加考试时，就会发现他们好像在通过一面模糊的棱镜看问题。这并不是说问题是模棱两可的（尽管也有这个可能），而是学生会因为之前没有接触过这种类型的题目，一时之间晕头转向，不知道如何回答。

第二，所有的书面问题，不管多么的清楚明白，仍然可以对其进一步地加以解释。请思考下面这个问题：

这个盒子不能被使用。

好的，这个盒子不能被使用。如果我用这个盒子来拯救生命，那会怎样？那我就可以用这个盒子了吗？到底为什么不能使用这个盒子？如果我不喜欢的某人请求我用这个盒子帮助他们，我是不是可以以这个盒子不能被使用为由来拒绝帮助他们呢？同样，什么时候不能用这个盒子呢？永远不能吗？如果是这样，那这个盒子存在的意义是什么呢？为什么这个盒子不能在特定的时期被使用呢？这个盒子里的东西能被使用吗？我们如何定义"被使用"？如果我要围绕着这个盒子跳舞，把它当作一个图腾，不去碰它或者移动它，这是否算作我使用了这个盒子呢？我应该把这个盒子扔掉吗？把盒子扔掉不能算作使用盒子吧？这也会阻止别人用这个盒子，这也符合这句话要表达的意思吗？

所有的书面问题都可以被解释。在课堂这个语境下，有两个要点需要我们思考。

第一，书面问题要清楚地表明要求的是哪种类型的回答，这对所有人都有好处，因为它能帮助学生以要求的方式作答，也确保老师得到他们想要的答案。如果你看到学生的答案，发现它们与你的预期不符，那么可以花几分钟想想这是否与你所设置的问题有关。

第二，教学生如何解读问题也是很重要的。只有这样，他们才能够分析摆在他们面前的问题，从而给出较高质量的答案。要实现这一点的方法有很多，例如，教会学生理解常见的命令性词语，比如"评价""列出"等。或者要求学生在看标准答案之前，先花点时间给出自己的回答，或者在阅读问题的同时对问题进行标注。

5. 发展批判性思维：问题，让讨论更具方向性

讨论对任何课堂来说都是极好的补充。学生可以通过讨论形成自己的观点，并在讨论中审视自己的观点。讨论可以帮助学生掌握知识，培养他们的理解能力。学生可以通过讨论表达自己的观点，即使他们的某些观点是错误的，他们也可以从讨论中反思自己。讨论可以帮助老师得到关于学生的信息，然后利用这些信息来指导教学。讨论也能够培养合作意识，促使学生共同努力，互相学习，共同进步。讨论有助于培养以学习为中心的团体意识，它还能够帮助学生发展批判性思维。

问题在讨论中起着至关重要的作用。问题在很大程度上可以帮助构建、安排和引导人们讨论的内容。此外，一旦讨论开始，学生和老

师都会提出问题。下面我将对这两点进行逐一论述。

如果问题是用来构建、安排和引导讨论的,那么在计划阶段花点时间研究各种问题的形式是很有必要的。这不需要花很长时间(几分钟应该就足够了),但从长远来看,这将大有裨益。如果讨论进行得不顺利,你还可以尝试已经准备好的其他方案。

下面几个建议可以帮助你想出更好的讨论问题。

- 从大局出发。从大局出发,着眼于细节,这比反过来的效果要好。

- 找一个有争议的话题,或者可能引起争议的话题。这可以作为你们讨论的重点——围绕这一话题,人们可以各抒己见。

- 用心挑选你的问题,确保学生有足够的知识和理解力来长时间讨论这一问题。

- 问题一定要清楚明白(或者你能够解释得清楚)。

- 提问要有目的性。提问之前想清楚你想要学生从讨论中获得什么,然后再提出问题。

讨论过程中你们可能会提出很多问题。下面这些技巧或许对你有所帮助。

- 提前准备好你认为有用的问题。

- 准备好大量的题干或者例题,根据话题的需要,灵活使用,本书里有1200个例题供你挑选和使用。

- 扮演不同的角色,通过这些角色进行提问。这些角色包括苏格拉底的牛虻、黄貂鱼、助产士和无知者(在我的《如何在课堂中使用讨论》一书里有详细介绍)以及审讯者、法官、阐明者或者魔鬼辩护人等。

- 鼓励学生互相提问。比如，一个学生做了扩展陈述之后，老师可以问一下全班其他人，是否有问题向该学生提问。

- 随机决定谁来回答问题。可以从帽子里抽取名字，或者给学生编号，随机挑选号码，或者将学生的名字写在棒棒糖上，然后随机挑选一个。这样做的好处是可以避免在选择谁来回答问题时的偏向性。如此一来，老师更容易了解学生的真实想法和学习情况。

6. 进阶式学习：如何进行区别提问

提问时要加以区别。最简单的方法是提出难易程度不同的问题。下面是三种你可能会用到的方法：

布卢姆教育目标分类法

从只需掌握基础知识即可完成的简单任务到需要掌握更多知识才能完成的复杂任务，布卢姆教育目标分类法将教师的教育目标分为多种不同的类型。

布卢姆分类法按照以下几个要点进行分类：知道、理解、应用、分析、综合和评价。一些研究者建议将最后两类的顺序互换。但对于我们而言，这并不重要。我们只需要知道综合和评价是最高层次的目标要求就可以了。

在本书的"示例问题"部分，基于布卢姆分类法中的五个要点（其中不包括"知道"这一点，因为知道是最基本的），我们列举出了一系列问题。这种分类方法可以用来区分问题，学生会发现低层次的问题比高层次的问题更容易回答。

如果你口头提问学生，就可以用布卢姆分类法为被提问的这名学生量身定制问题。如果你用书面提问，就可以按照布卢姆分类法从低到高的分类模式，提出一系列的问题。这样就可以让所有的学生都参与其中，并使那些能力突出的学生思考更有挑战性的问题，拓展他们的思维。

要使用本书中的例题还有一个方法，就是你可以选取一些与布卢姆分类法相关的关键词，用这些关键词来提出问题。上课之前就可以想好用哪个关键词提问，或者在向学生提问的过程中思考用与哪个分类相关的关键词提问，都是可行的。你可以在手头准备一张纸（或将它贴在墙上），上面列出与每个分类相关的关键词。下面是一些你可能会用到的关键词：

知道：排列、定义、描述、列举、配对、记住、命名、排序和指出。

理解：归类、完成、建立、解释、表达、识别、说明和报告。

应用：应用、计算、选择、使用、解释、操作、绘图、解决和建议。

分析：分析、分类、对比、区分、检验、实验和调查。

综合：组合、建造、创造、制造、设计、制定、组织和计划。

评价：辩论、评价、批评、论述、评估、判断、阐释、排名和回顾。

从具体到抽象

这个方法跟布卢姆分类法有共同之处，但也有区别，需要加以解释。这种方法跟布卢姆分类法相似的地方在于该方法将问题置于一个框架之中。这个框架的一端是简单的、容易回答的问题，另一端是复杂的、难以回答的问题。从这方面来说，这跟布卢姆分类法的分层很相似。

这个方法的不同之处在于它体现了从一种思维到另一种思维的转变，即从具体思维到抽象思维的转变。请看下面的例子：

最具体

池塘里有多少只鸭子？

鸭子是什么颜色的？

鸭子们表现如何？

鸭子之间存在什么关系？

什么可能影响鸭子的行为和关系？

为什么鸭子会变成现在的样子？

从鸭子的奇特行为中，可以看到人类生活的影子吗？

如果鸭子会说话，我们能听懂吗？

最抽象

毋庸置疑，上面列表中的每一个问题都很重要，这些问题所引出的回答同样很重要。使用这些从具体到抽象的模型并不意味着抽象思维要优于具体思维，两者都很重要。与此同时，要明白：问题越抽象，复杂度就越高。

在实际中，这种方法为老师提供了一个框架，老师们可以根据这个框架来提问。这个框架同布卢姆分类法一样，可以对问题做出区分。

老师可以针对不同的学生设置不同的问题，在构写书面问题时，也可以采用不同的问题类型。

展示、陈述、说服

这个方法同之前提到的两种方法一样，都可以向我们提供一个框架。这个框架里的问题是按照由易到难的标准设置的，我们可以用它来进行区别提问。

展示： 在提问时，对学生说"请向我展示……"，你可以让学生向你展示他们所做的事情、他们如何学到了某事或者某件事情有什么意义。"展示"这个词表明这一活动仅涉及基础的思考。通常，学生不需要进行过多的阐释，或者不需要深入思考就可以作答。

陈述： 在提问时，对学生说"请向我陈述……"，这意味着你对学生的要求进一步提高了。你可以让学生陈述他们对某事的看法、某个事物的层次如何，或者他们所研究的事物的源头是什么。"陈述"这个词表明这一活动比"展示"更需要进行深入的思考。只有在学生花费了一定时间去思考问题的情况下，他们才有可能进行有效的陈述。通过思考，学生们对知识的理解和认知都会有所加深。否则的话，他们所作的陈述就可能没有什么意义和价值。

说服： 在提问时，对学生说"请说服我……"，这意味着你对学生提出了更高的要求。学生将说服你他们是正确的，事情就该如此或者应该采取何种行动。"说服"这个词意味着这一活动涉及复杂的思考，这比展示或者陈述更进一步。说服某人相信某事，需要说话人对自己手中的材料有充分的了解。他们必须对材料了如指掌，并且知道如何向听众展示自己的材料，才能令听众信服。如果某个人所说的不具备说服力，那么我们就没有理由相信他所说的话。对材料缺乏洞见或者展示的技巧不足都无法令他人信服。当然，我们也可以不同意他们所说的话，但这与他们所展示的内容是否令人信服无关。

7. 锻炼思辨力：用问题来改变、挑战、探查和刺激学生思维

我们已经注意到问题比大部分的陈述更有力。问题可以让人们采取行动。下面我们来看看问题的四个具体作用以及它们应如何被应用到课堂当中。

（能够）改变思维的问题

这个标题通过插入"（能够）"加以限定，因为如果认为任何问题都能改变别人的思维，那就大错特错了。这种想法默认了文本具有很大的权力，而完全没有考虑到你所提问的对象。尽管问题在本质上是要求回答的，但我们也不能强求每一个人都回答问题。问题能够引出回复，但这也是相对的而不是绝对的（被提问者可以忽视这个问题或者保持沉默）。因此，没有任何一个问题能够绝对地改变人的思维。但很多问题确实能够改变人的思维。

在课堂上，一个时机恰当、设计巧妙的问题可以让学生从另一个角度审视他们认为自己已经知道或理解的知识，从而改变他们的思维。下面我们用两个例子来阐释这一点：

例一：

学生：我毫不怀疑太阳明天会升起。在我有生以来，太阳都是每天升起，为什么明天不会升起呢？

老师：如果你在生活中使用同样的逻辑，可能会出现什么问题？你对太阳每天升起毫不怀疑，会有什么样的后果呢？

例二：

学生：第二次世界大战是无法避免的。欧洲必须采取行动阻止希特勒，不过即便如此也根本没有办法制止战争的爆发。绥靖政策显然是失败的，唯一的选择就是对德国的所作所为采取军事行动。

老师：你的意思是说第二次世界大战是不可能避免的？

学生：是的。

老师：绥靖政策失败了，希特勒必须被制止，而采取军事行动是唯一可行的选择，你是依据以上做出的判断吗？

学生：是的。

老师：如果《凡尔赛条约》缔结了不同的条款，战争还会发生吗？

上面的这些例子都是很好的佐证，那就是一个时机恰当、设计巧妙的问题可以为学生提供一个新的思路。在这两个例子中，老师都为学生指出了新的思考角度。他们所要回答的问题是他们之前从未考虑过的。这些问题是老师用来进一步指导学生思考的工具。

挑战性问题

我们可以从两个方面来理解"挑战性"。一是对学生的回答提出挑战，二是对学生的思维提出挑战。下面我们依次看这两个方面：

对学生的回答提出挑战意味着让他们对自己的答案加以解释、论述或讲解。下面是一些例子：

学生1：假期最棒的事情就是睡懒觉。

老师1：为什么这是假期最棒的事情？

学生2：我不这么认为，不是的。

老师2：你能解释一下你为什么不这么认为吗？

学生3：如果必须选一个，那我选红色。

老师3：我想确认一下，你选红色是因为你必须要挑选一个颜色，所以你随机挑选了红色，还是因为你认为红色比其他颜色好看，所以你选了红色？

重点是老师的问题会让学生对自己的回答进行更深入的思考，这也表明学生的回答是不完整的或者是需要进一步补充的，这些问题让学生进一步思考自己先前的回答。

对学生提出挑战性的问题，让他们换个角度去思考，这有助于推动学生的思维发展。从这个意义来说，"换个角度"可以从以下几点来阐释：

- 用不同于他们目前的思维方式思考。
- 用不同于他们通常的思维方式思考。
- 从不同的角度思考所讨论的材料。
- 运用不同的技巧，换个角度来思考同一个材料。
- 用一种前所未有的、值得提倡的方式去思考。

符合上述分类的问题形式多种多样。下面是一些例子，其中有的例子符合上述的某一类型，有的符合上述的多种类型。

- 如果民主不复存在，你的答案会有何不同？
- 你的答案所依据的假设或前提是什么？
- 为什么会有人将民主视为一种威胁？
- 如果动物有民主，世界会有什么不同？
- 民主是真的吗？你怎么知道的？
- 民主在哪里？你能确切地指出来吗？
- 民主是什么样子的？
- 如何写出一语中的的文章？
- 出于什么原因，一个人可能会觉得民主有问题？
- 在什么情况下你会接受搁置民主？为什么？

在本书的"示例问题"部分，有许多可以用来挑战学生思维的问题。这些问题分布在多个章节中，包括与课程体系中各个科目相关的哲学问题。

哲学问题非常具有挑战性，因为这些问题让学生认识到支持自己想法和研究的观点和范畴。这意味着学生要对自己的知识体系、信仰和行为进行质疑。在某种意义上，哲学问题让学生思考如何思考。这就是为什么学生会发现哲学问题极具挑战性的原因。

探查性问题

探查性问题有助于使学生的思路更清晰。教师可以利用这些问题引出学生理解、认识和思考的内容，以及这些内容背后的原因。提问时，如果老师以一种温和的、探索式的方式来提问，会有更好的效果。直接的、命令式的提问可能会阻碍学生的回答，抑制学生的自由发挥（当提出探查性问题时，我们可以引导学生多说一些，因为学生提供的信息越多，越有助于我们发现问题，改进教学）。

下面是一些探查性的问题的例子：

- 你这么说的意思是？
- 你刚才说什么，你能详细说说吗？
- 结果会怎样？
- 什么原因？
- 你能给我举个例子吗？
- 还有其他例子吗？
- 是什么让你产生了这种想法？
- 你怎么会这么想？
- 你对X还有什么看法？
- 你是怎么得出这个结论的？

从上面这些例子中，你会发现探查性问题可以引导学生更深入地思考现有的材料。因为学生需要对他们的回答做进一步的解释。这意味着，无论如何，他们都要进一步思考。如果他们做不到，那么可能是他们本身的能力达不到，或是他们不想去思考，再或是他们没有理解所问的问题。无论是哪种情况，都可以加以纠正。

刺激性问题

为什么社会就一定要是公平的呢？

如果宠物养到一定年龄就被杀掉，这个社会是不是会更好一些？

提出一些挑衅性问题的目的是刺激学生思考。通过调动他们的情绪，转变他们习以为常的观点，让他们提出主张，用不同的眼光看世界，推翻原有的假设或者预设，促使他们思考。但提出挑衅性问题时一定要非常谨慎。作为老师，在提问之前，要想一想这些问题可能会激起什么样的反应，也要考虑到学生的敏感度。挑衅性问题的目的是要激发学生思考，而不是制造不和谐或者冲突（尽管学术知识上的不和通常被看作是深入理解问题的第一步）。

8.深度学习：如何使用探究式问题

探究式教学是一种非常实用的教学方法，它很能吸引和激励学生。因此，它将引导学生深度学习。也就是说，在学习中，学生会积极地接受所学事物，将思维与事物融为一体，而不是把知识作为独立于思想之外的事物来获取或者吸收。在我们研究探究式问题之前，有必要简单地了解一下什么是深度学习。

对于"深度学习"这个术语的界定并不清晰。深度学习是一个隐喻，当我们提起这个术语时，会觉得非常形象。尤其是当我们把深度学习与它的对立面——浅度学习或表层学习相比较时，会觉得非常贴切。

"深度"这个词，可以被理解为"深远的"以及其他一些相关的词——"多层面的""多层次的"或"有意义的"。深度学习并不是简单地了解事物，知道这个事情，或者回忆起以前背诵的东西。

探究式教学之所以能够很好地引导学生进行有意义的、多方位的学习，是因为它具有目的性和方向性。因此，学生会感到周围的事情与自己密切相关，自己有理由参与其中。如果全身的感官都被调动起来，你就更倾向于积极地思考正在发生的事情。如果你积极地思考，你的学习经历就会是更深层次的（或者相对于其他来说，更接近于深度学习）。

现在，我们返回到探究式问题。

我们已经讲了问题是如何被用来组织课程内容和课堂活动的，也已经专门介绍了如何讨论和一些可用于讨论的问题，这里我们就不再赘述。下面是一些如何来进行探究式提问的基本规则，这是在我们之前的论述基础上提出来的：

- 探究式问题应该能让学生积极地探究。
- 探究式问题应该基于一个主题，学生可以围绕这个主题积极地探究。
- 学生对于有趣的问题会更感兴趣。
- 如果你不确定什么是有趣的问题，可以问一下你的学生。
- 学生可能最终停止探究，但这并不意味着他们找到了最终的答案。

- 因此，当提出探究式问题时，老师应该清楚地知道这个问题的终点在哪里，以及这些问题最终会把学生引到哪里。

- 不要只局限于一个问题。从一个话题中就可以引出一系列的问题，让学生选自己感兴趣的问题来探究。

- 和学生一起来想一些探究式问题。给学生一些能够刺激他们思考的材料，指导他们提出探究式问题。

- 如果一个问题没有效果，换一个问题。一些理论上听上去可行的方法并不一定适用于实践。

- 如果有必要的话，给学生一些子问题，指导学生围绕着主问题进行探究。

9. 巩固知识：如何使用测试型问题

练习测试型问题是帮助学生成功掌握知识的重要一步。下面是你可以跟学生一起进行的五个活动：

1. 这个活动适用于有测试型问题回答经验的学生。 给每个学生发一张纸，让他们在上面写一个测试型问题。你可以在教学大纲中选定一个领域，让学生针对这个领域提问题。当学生写完问题后，把写有问题的纸收上来，打乱顺序，然后重新发给学生。学生们要试着回答发给他们的任何问题。可以以下列两种方式中的任意一种开展活动。让学生将答案写到纸上，再收上来，把顺序打乱，重新发放给不同的学生，对所做出的答案加以评分。另外一种就是把答案纸返还给出题人，让出题人评分。如果选择第二种方法的话，出题人应在纸上写上自己的名字。

2. **两到三个学生一组，老师给每组分一张纸，每张纸上有5个问题**。在每个问题下面留出空白的地方以供作答。小组成员齐心协力回答这5个问题，商讨如何得到一个高水平的答案。老师向学生说明回答时应该仔细阅读题目，找出关键点，比如命令词和关键概念。在规定的答题时间结束之后，小组之间互相交流彼此的答案，并进行讨论。最后，老师让学生选择其中的一个问题，并给出完整的答案。最终由其他同学给出评价。

3. **建立拓展任务**。布置一个拓展任务：让学生根据他们课堂上学到的内容出一道测试型问题。也可以进一步拓展，让学生自问自答，或者学生之间交换问题，进行作答。

4. **三到四个学生一组，老师给每组分一张大纸以及一个测试型问题**。小组中的一位成员将小组的题目写在纸的顶端。每个小组都有5分钟的讨论时间。老师要提醒学生，并不是要他们像考试那样答题，而是要讨论这个问题的主题、解决这个问题的不同方法以及能够组成答案的各个方面。每个小组的一名组员在纸上记录下答案的要点。5分钟讨论时间结束后，小组之间互相交换手中的纸，然后按照这个流程回答新的问题。这一过程持续进行，直到老师终止讨论。接下来把所有的纸都收起来，放到讲桌上，学生从中挑选一个问题，完整作答。他们可以参考纸上的提示来回答问题。

5. **三个学生一组，老师给每组分一张大纸及一个测试型问题**。每个小组都要根据他们的问题绘制一张答案导图。这个图上应该包括各种概念、想法、证据、例子、理论，等等，并且补充以示例，以便随时查阅思考的过程。然后每个小组都沿着房间走动，查看同伴们绘制的导图。在每张导图下面放上一张空白的纸。当各个小组互相查看彼此的导图时，他们可以在空白纸上写下他们认为可以添加的地方，同时给出他们在此处添加的依据。

10. 合理分配问题比例：如何使用开放式问题和封闭式问题

总体来说，本书更注重开放式问题。但这并不是说，本书就不重视封闭式问题，也不是说本书没有注意到封闭式问题在特定的时间和案例中发挥着有效的作用。通过这部分的内容我们可以查看一下开放式问题和封闭式问题的结构，了解它们各自的优点。

开放式问题

我们印象中的开放式问题用一个符号来表示就是"<"。

问题就像一个起点，从这个起点开始，不同的答案像树枝一样发散出去，解决一个问题有不同的方法。在讨论结束时，我们可能离起点非常遥远，但如果我们愿意，我们还可以顺着原路返回去。

开放式问题的答案不唯一，所有的答案都可以引出新的观点和立场。开放式问题能够引出各种各样的答案，开放式问题的回答受到提问内容的限制，而不受形式的限制。

下面是一些开放式问题的例子：

1.1　你认为怎么样？

1.2　这为什么可能是真的？

1.3　你喜欢做什么？

1.4　我们如何解决这一问题？

1.5　为什么？

下面是对上述问题的分析：

1.1　这是一个十分开放的问题。我们可以推断这个问题是与某事相关，即"你认为X怎么样？"它引发回答者说出自己的想法，并且对他/她的回答没有任何要求。当提出这样一个问题时，通常是提问者很想知道别人的想法，而且他们对别人的想法非常感兴趣。

1.2　这是一个开放的问题，但同时带有一定的封闭性。"真的"这个词限制了答案的范围。提问者并没有问"为什么这是真的或假的？"当然，回答者可能反而会思考这个问题，这就需要对题目稍加解释。题目1.2中的"这"指的是提问的对象，"为什么可能是"为我们提供了一个开放的要求，表明这个问题的答案有多个——只要这些答案是与所指的对象相关并且是真实的就可以。

1.3　这个问题是开放式问题，但比1.2更具封闭性。它假设回答者确实喜欢做某事，同样还暗示了这些事情的标准与大家喜欢做的事情基本一致。与此同时，这个问题并不是关于回答者喜欢做的某一件特定的事情，而是从总体来说"喜欢做的事"。

1.4　这个问题与1.2十分相近，是一个开放式问题，但是带有一定的封闭性。题目中的"解决这一问题"对回答做出了限定，尽管回答可以多种多样，但都必须与所要解决的问题相关。以这个问题作为例子，是想告诉你尽管问题的形式不一样，但问题的作用是相同的，因此在引出回答这方面有相似的功效。

1.5　这一问题是开放的，但并不像第一眼看上去的那样开放。这个问题的回答范围非常广，但同时也暗含了一点，那就是所做的回答必须经得起推敲。如果一个人问"为什么"，得到的回答却是"因为长颈鹿是粉色的"，这个答案就显得很荒诞了，因此回答者需要给出一个合理的答案。

综上所述，我们可以总结一下开放式问题的共同特点：

- 问题的回答多种多样。
- 问题是开放式的，但答案却带有一定的封闭性。
- 问题中常暗含了什么样的答案才是合理的。
- 要有一个主题。

封闭式问题

封闭式的问题与开放式问题恰好相反，我们可以用符号">"来表示。

封闭式问题是逐渐缩减可选择项，严格地规定了作答者该回答什么。下面是几个例子：

1.1　你多大了？

1.2　你住在哪里？

1.3　现在几点了？

1.4　这是真的还是假的？

1.5　"情感"是什么意思？

下面几点是对上述例子的解释：

- 问题规定了需要什么形式的回答（数字、地点、时间、判断真假、定义）。

- 问题要求的回答非常具体。

- 问题需要得到信息。

- 通过提问得到的信息要能被证实。

- 问题是明确的，通过一些特定的词，比如"是""做"等体现出来。

明确了上面这五点，我们会发现有的时候封闭式问题非常有用。比如，在我们想要核对、确认或寻找特定信息时，封闭式问题就非常有效。

但在课堂上封闭式问题容易被滥用，造成这种情况的原因有两个：

第一，封闭式问题非常节省时间，提问和回答的时间都很短。如果觉得时间紧迫或者想加快课堂的进度，老师就会倾向于提封闭式问题。

第二，封闭式问题可以营造出进步的氛围，尽管这通常是假象。当提问封闭式问题时，通常会发现回答者能够说出正确答案，但这并不能保证回答者就会这道题目，有时候，可能是猜对的。通过封闭式问题进行交流，可以引导出的信息量很少，例如：

老师：3除以40等于几？

学生：0.075。

老师：太棒了！你简直是个天才！

但真是这样吗？有可能他们的朋友把答案告诉了他们，有可能他们用了计算器，有可能他们是猜的，有可能他们花了一晚上来背答案，以备第二天被提问。

下面的故事向我们展示了由于提问封闭式问题，导致信息不全的情况，这个故事值得我们深思：

一个警察正在法庭出席作证，在证词中，他声称他能够辨认起诉方认为犯罪的两个人——这两个人是被告。辩护律师问这个警察，犯罪实施的当晚他是否戴着眼镜，警察回答说没有。律师问他当时离实施犯罪的这两个人有多近，他回答说，在他们逃跑之前，他离他们不到20英尺。律师问他是近视眼还是远视眼，警察回答到他是近视眼。律师要求他出示眼睛近视的证明，警察照做了。律师询问他近视证明签定的日期，警察回答说他最近一次检查视力，是在三个月前。律师向法官表示他没有问题了。

紧张的气氛笼罩着法庭，所有的眼光都集中在证人身上，法庭里唯一能听见的声音就是律师返回座位时的脚步声。

控方律师站起身来重新审问证人。

律师走向前，停下脚步，看着证人："告诉我，"他说道，"你工作的时候戴隐形眼镜吗？"

"是，我工作时都戴隐形眼镜。"警察回答道，"一向如此。"

最后要强调的一点就是适度。封闭式问题提问的内容非常具体，这是优势也是弱点。在课堂上，不能总是提问封闭式问题，但也不能完全忽视封闭式问题。要保持一个平衡，重视开放式问题的同时，也不能忽视封闭式问题。

11. 发展推理能力：用问题引发推理

推理是人要掌握的一项重要技能。它是整个课程体系的有力支撑，是我们用来理解世界的、不可或缺的工具。如果一个人缺乏推理的能力，那么他对生活中的很多事情都无法理解。推理帮助我们更好地观察生活。当然，并不是所有的事情都可以用推理来解决。当推理无法解决的时候，我们就要求助于信仰。但如果没有了推理，我们就缺乏照亮黑暗世界的光。

其实我们常常在没有意识的情况下，督促、鼓励和激发学生们进行推理：

为什么？

你有什么理由这么做？

为什么这是真的？

你怎么能这么说？

你能解释一下你为什么会这么想吗？

推理有多种形式，包括总结原因、对提出的论点加以论证、对假设进行演绎、通过证据进行推断及通过已经知道的信息对可能性进行评估等。但本章并不是要探讨推理的本质，这里提供了五种方法来帮助你引出和发展推理：

1. 任命两三个学生为"推理警察"，给他们每人一张卡片，卡片上写着与上面提到的几个问题相类似的问题。在讨论过程中，这些学生必须认真倾听其他人的对话。如果他们听到某人说了什么，但没有明确地陈述或阐释推理过程，他们就会举起卡片加以提示，发言者必须回答卡片上的问题。

这种方法适用于所有类型的讨论。在全班讨论中，若"推理警察"认为有必要，就把同学的注意力吸引到自己身上（提醒他们阐明自己的推理）。在两人讨论或小组讨论时，他们在房间里走动，倾听正在进行的对话。一旦他们听到某个问题的推理不充分，就会举起手中的卡片。

2. 如果你要组织学生们围绕一个中心问题进行讨论或辩论，在活动开始前，给学生一个机会来发展他们的推理能力。给班上的每个学生发一张纸，在纸的顶端写上一个关键问题，在下面留出空白的部分，让学生就四个小问题写上自己的回答：你怎么看？你这么想的第一个原因是什么？你这么想的第二个原因是什么？你这么想的第三个原因是什么？

在讨论或辩论开始前，让学生在纸上作答，然后，借助这张纸来帮助他们在活动过程中更清晰和仔细地推理。

3. 这个方法适合全班讨论。当某个学生提出了一个不太合理的主张时，停止讨论，问全班学生："学生X提出这个主张的原因可能是什么？"给学生们一点时间去思考，或者让他们两人一组进行讨论。当学生思考好了后，请不同的学生分享他们的想法。

从这个活动中可以得到两点启示。第一，你可以把这次讨论变成对已经提出来的主张和观点的分析与评价。第二，你可以询问发言的这位学生：同自己的观点相比其他同学的观点怎么样。如果学生认为自己最初提出的观点不太合理，请他/她说出自己认为最合理的观点。

4. 苏格拉底式提问。这在我的《如何在课堂中使用讨论》一书中有更详细的解释，这里我就不再重复。简单地说，苏格拉底式的提问涉及到苏格拉底在同柏拉图对话时的不同阶段所扮演的四个角色——助产士、无知者、牛虻和黄貂鱼。第一个角色是通过提问来表达自己观点的问题。第二个角色是通过装傻来引出对方的理由。第三个角色会不断地问问题，迫使说话者从各个方面来审视他们所说的话。第四个角色会提出一些不同寻常的问题，让说话者换个角度来思考。

教师可以扮演这些角色中的任何一个，来帮助学生进行推理。老师应不断向学生抛出各种类型的问题，帮助学生提高思维水平，让他们的想法更符合逻辑、更加合理。

5. 给学生一张小卡片，在卡片上列出一系列关键问题，让他们放在桌子上或书上，这是他们的"理由卡"。学生可以根据这些问题对他们所写的文章进行自查，检验自己的文章是否对这些问题进行了清晰的推理和论证。

卡片上的问题可以采取下面两种形式中的一种。一方面，这些问题可以是关于检查文章内容的问题：你是否说明了原因？你是否解释了给出这些答案的理由？你得出这些结论的原因是什么？另一方面，它们也可以是关于推理论证的问题：为什么？这么说的原因是什么？你如何将你的观点阐释清楚？在接下来的例子中，学生会对自己文章中的每个部分逐一进行排查。

12. 引导自主学习：如何鼓励学生提问

到目前为止，我们所关注的都是老师如何在课堂上提问学生。其实，学生也会问问题。实际上，鼓励学生问问题是极好的，这会帮助老师培养学生的求知欲，鼓励他们独立思考，引导他们自主学习。下面是你可以用来鼓励学生在课堂上提问的五种方式：

1. 明确积极地鼓励学生提问，提供多种途径让学生问问题。这里列举了三种途径：举手示意；把要提的问题写在老师给的本子上；把问题写在一张纸上，然后交给老师。这些方法可以避免两个问题。第一，课堂上如果学生连续提问，会拖慢活动的进程，给课堂增加不便，影响课堂质量。第二，一些学生可能不喜欢某种问问题的方式，因此很少在课堂上问问题。通过提供多种途径，每个学生可能都会找到适合自己的提问方式。

2. 在讲解一个新单元之前，设计一个活动，让全班同学一起来设计问题，决定课程的内容。我的建议是：把班级分成小组，给每个小组分配一节课程内容（第一课、第二课等）。给每个小组一些课程资源，这些资源要与课程主题相关。让小组成员浏览这些资源，然后说出他们的想法，让学生们用自己认为最有趣的地方设计一些他们乐意回答的问题。老师要向学生们指出，这些问题应该足够"大"，足够花一节课的时间来讨论，然后每个小组选一个问题来设计课程内容。老师把所有的问题收集起来，用这些问题来指导学生的授课计划。

3. 指定两到三个学生作为"问题观察员"。当讨论开始时，这些学生在教室里走来走去，倾听其他同学的谈话。他们随身携带着写字板或笔记本，手里拿着笔。每当他们听到一个好问题，就把它写下来，并记下是谁说的。在活动结束时，"问题观察员"与全班同学分享他们听到的好问题。他们会逐一解释为什么这个问题是个好问题，以及这个问题对讨论者来说有什么好处，最后学生对提出好问题的同学表示祝贺。

如果经常使用这种方法，对所有提出好问题的学生加以表扬，可能会出现两种结果。第一，学生们会仔细思考他们所提出的问题，因为他们想提出好问题，并被"问题观察员"记录，从而受到表扬。第二，因为"问题观察员"会解释为什么这是一个好问题。通过解释，学生会更好地理解如何才能够提出一个高质量的问题。

4. 让学生主导课堂上的一些活动（例如热身活动、讨论任务或反思活动），在这些活动中你会提出很多问题。学生可以扮演老师的角色（或根据小组分工扮演学生的角色），站在老师的角度进行提问。根据学生本身的特点以及他们对完成任务的信心，你可以给他们适当的时间进行准备。

5. 设计一些活动，学生可以根据特定的目的来提问。在本书的第4章，我们将着重介绍这样的活动都有哪些。

13. 精准识别：如何使用诊断性问题

问题可以诱导出信息。在之前的几个小节我们已经详细地介绍过这一点。因为问题具有这个特点，所以我们要认真考虑提什么样的问题或者为什么要提这个问题。此外，我们也讨论过如何将问题作为一种手段，使学生能够表达自己的思想，通过问题来沟通想法，给老师提供一些信息，帮助他们改善或者调整教学。本节将把以上几点结合起来，重点讨论如何通过提问来诊断学生的情况。

诊断是为了弄清病因、根除病灶，从而使人恢复健康。要完成诊断就需要通过提问的方式了解详情，最终做出判断。医生诊断疾病时，通常会向病人提问，以便获取相关的信息。同时，他们也可以通过调查病人的病史及其家族病史来了解情况。这些信息综合起来，为医生最后的诊断提供了参考依据。医生可能还需要更多的参考资料，例如教科书或别人的意见等。如果仍然无法做出精确的诊断，可以安排检查测试，测试的目的也在于获得更多的信息。

让我们来思考一个简单的案例。在这个案例里，医生不需要进一步地搜集信息或安排病人做检查，医生所获得的信息符合他们了解到的某种常见的疾病的症状。医生之所以能够诊断该疾病，是因为通过病人的发病表现和病人对病情的描述，医生能够发现以上情况与某种疾病的症状相符合。如果医生对诊断的结果并不是完全确定，误诊的情况是会存在的，但相信自己的诊断是正确的，病人的病症与他们所诊断出的疾病是相一致的，他们就会根据自己的诊断开出处方或给出缓解症状的方法。

医生关心人的身体健康和思想健康。他们的专业领域是医学，他们向病人提问是为了得到与病人就诊相关的信息。在大多数情况下，这些信息会成为医生最终得出诊断结果的重要依据。

教师关心学生的发展，关注学生成长过程中的思想和行为。他们的专业领域不像医生那样清晰。"教育"一词并不精确，因为它是一个无所不包的领域，而不只是一个孤立的学科。教师需要了解多方面的知识：教育学、学习、学科知识、思维方法和心理学（要有所了解，但不必精通）。与医生不同的是，他们不需要深入了解某一个领域。老师可能会比其他人更了解某个领域的知识，但对他们来说，更重要的是综合技能。

如果老师要通过提问来对学生进行诊断，就必须先解决一个问题，即要诊断什么？因为这是关于老师要做什么或如何设置课程的问题，我们可以暂且将教学法放在一边，只涉及四个方面：学习、学科知识、思维方法和心理学。

如果老师用提问来对学生进行诊断，然后"对症下药"，那么他们首先应该考虑，在以上四方面中，哪一方面是最重要的。这将帮助他们提出更恰当的问题，并寻找最相关的信息。当然，这四个方面并不是相互独立的，它们相互作用，产生不同程度的影响。因此，老师应该时刻注意这四个方面，即使他们只关注其中的某一方面。

为了帮助老师决定他们诊断的内容，我们来对这四个方面做一个简单的分析：

学习：指一般的学习行为。它包括学生如何学习，如何根据老师布置的任务进行互动，他们对学习的看法，他们对学习的态度，以及可能阻碍他们学习的因素等。如果学生没有掌握课堂上学习的内容，老师可以通过提问的方式对学生的情况做出诊断。他们会发现，学生可能不明白这项任务应该包括什么，以及这项任务会对他们的学习带来怎样的帮助。老师可以通过解释和举例来让学生明白。

学科知识：这里指的是学生对课程内容的掌握情况。它包括能够理解一些重要术语和概念、完成某项任务、解释事情的原理，等等。如果一个学生说自己不会做老师布置的作业，可能是因为他们没有掌握课程内容。在这种情况下，诊断性提问将帮助老师明确学生不理解的具体内容。例如，他们可能误解了一个重要概念，并且错误地将这个概念运用到新的语境中，因此遇到了困难。老师可以通过提问来纠正学生先前的错误。然后，老师可以向学生表明，一旦他们理解了这个概念，再学习新的内容就会变得非常容易。

思维方法：这是指一般的思维方法。它包括推理、分析、建立联系、解决问题等几个方面。学生可能会给你一个答案，但却不会告诉你他们是如何或者为什么得出这个答案。通过诊断性问题，可以让学生说出自己的思维方法。学生的思维方法也许是正确的，但最好还是让他们将思考的过程说出来。

也存在学生的思考过程不正确，但最后的答案是正确的情况。在这种情况下，通过提问，学生会暴露自己的错误，老师可以利用这个机会来纠正学生的错误（通常是老师和学生共同探索，拓展思路）。

心理学：是指在课堂上发挥作用的心理因素，包括动机、自信、个人经历、自尊等各个方面。如果一个学生不愿意参加某项任务，可能是由于某种心理原因压抑着他/她。诊断性问题可以用来找出学生不愿意参加任务的确切原因。教师可以利用他们获得的信息来寻求其他的方法。例如，通过诊断性提问，老师会发现，某个学生之所以不愿意参加小组活动，或者不愿意和其他组员们一起准备活动报告，是因为他/她害怕在众多观众面前讲话。老师知道这个情况之后，就可以安排这名学生在小组做记录，不需要发言，最后上交一篇书面作业即可，或者让他/她在小组内部发言，不用对着全班同学发言。

小结：

- 诊断性问题是通过提问得到信息以达到一定的目的。

- 这个目的可能是帮助学生解决问题，确认学生错在哪里或检查学生已经知道或掌握的学习内容。

- 关注的焦点不同，提问的内容和方式也会不同。

对全班学生的诊断性提问

用下面几个方法，可以同时诊断全班学生思考过程中的问题：

1. 如果你想了解全班学生的想法，使用小白板是最简单的方法。

2. 根据学生对某个话题最常出现的错误，设计一系列的问题。

3. 依次展示这些问题或者逐一提问。

4. 请学生用你规定的方式回答（例如使用小白板）。

5. 讨论学生给出的答案，指出学生理解错误的地方，纠正这些错误，或者让其他学生来纠正，和学生一起讨论为什么会出现这些错误，以及将来如何避免这些错误。

14. 推动持续性学习：如何使用连环提问

在课堂上经常会出现连环提问的情况。比如，当老师一对一地问学生问题时，当老师引导学生进行讨论时，或者当老师布置书面作业时。提前想好如何对学生连环提问对老师极有帮助。这可以让老师有充足的时间来考虑如何最大程度地推动学生学习，取得进步。下面是三个例子：

当一对一地对学生提问时，提前想好连环问题

假设在你的班级里有一个特别优秀的学生，这个学生总是能够快速、正确地完成学习任务，并且还可以做额外的拓展学习，所以你决定，当其他学生还在忙着完成主要的学习任务时，你要对这个优秀的学生进行一对一的提问，引导这个学生不断挑战和拓展自己的思维。你也注意到，虽然这个学生很有能力，但他所学的东西并没有超越课堂，也没有"跳出框框"去思考。你可以通过提问的方式鼓励这名学生进一步开拓自己的思维能力。

假定现在给定的主题是工业革命，给学生布置的任务是分析这三份材料，材料分别来自童工、工厂老板和国会议员。你可以为特别有能力的学生设计下面的连环问题：

我们如何证明对这三份材料是有偏见的呢?

我们说的"偏见"是什么意思?

有可能找到不带偏见的材料吗? 为什么?

结合这三份材料,我们可以不带偏见地看待这段历史吗?

当你在分析这三份材料时,你有偏见吗? 如何得知?

如果你有偏见,这会造成什么问题? 为什么?

为什么历史学家会因为带有偏见而受到批评?

如果一位历史学家不带任何偏见地记录历史,他/她所记录的历史就是事实吗?

你会发现偏见的概念已经固化,但老师会鼓励学生去质疑这个概念(与此同时,还要质疑自己的理解)。这些连环问题遵循一条清晰的主线。它们从这份材料出发,然后问题逐渐抽象,引发学生更多的思考。可以看出,在这些连环问题中,问题的难度逐渐增大。

在讨论中使用连环问题

假设你正在班级里发起一场关于某个话题的讨论,你向学生们播放了一个短片,短片里包含了与主题相关的各种各样的信息,这些信息能够促进学生积极地讨论。你先将学生分成两人一组进行讨论,然后进行全班讨论。

讨论的主题是人权,讨论的问题如下:

两人一组讨论的问题：

为什么要拍这部电影？

你觉得这部电影怎么样？

你认为这部电影最有趣的是哪一部分，为什么？

全班讨论的问题：

关于人权我们已经知道什么？

这部短片可能与人权有什么关系？

如果你在拍一部关于人权的电影，你会在里面加入什么？

你对人权有什么看法？

在本单元的学习中，我们应该如何试着去回答这些问题呢？

在这个例子中，小组讨论的问题是为了让学生相互之间回答，而全班讨论的问题则是为了将学生的知识和人权联系起来。通过提前想好这样的连环问题，老师可以考虑第一组问题如何同第二组问题联系起来。先是进行小组讨论，然后再全班讨论，这两种讨论一起组成了整个课堂的内容。

为书面作业设置连环问题

假设你正在根据学生们在过去六周的学习为他们设置一个评估方案，在这六周中，他们学习了和平主义和宗教，这个评估方案中可以包含下列问题，例如：

1. 什么是和平主义？

2. 你能举两个和平主义的例子吗？

3. 为什么人们会决定成为和平主义者？

4. 什么宗教信仰可能导致人们成为和平主义者？

5. 你能举两个例子说明和平主义是如何改变世界的吗？

6. 为什么信仰宗教的人会对成为一个和平主义者持反对意见？

7. 为什么有人会说和平主义让你更接近上帝？

8. 你同意前一个问题的观点吗？为什么？

9. 为什么一些信仰宗教的人会认为和平主义是一件坏事？

10. "每个有宗教信仰的人都应该是和平主义者。"这句话你同意吗？为什么会有人和你的想法不同？

你会注意到问题的难度逐一增大。后面的问题比前面的问题更难，要求学生掌握概念，准确运用知识，为表明他们同意什么或者不同意什么而提出合理的论点。此外，后面的问题更加发散，要求学生拓展他们的深层思维，更好地展示他们对主题的理解。

通过这个例子，我想说明连续的书面问题是为了实现某个更大的教学目标，而实现这个目标不能单靠其中的任何一个问题。提前考虑好这个目的是什么，会使设计连环问题的过程更顺利。这样做也会使提出的问题更具有一致性，对老师和学生都有好处。

15. 关注事物的多方面：选择提问的主题

这个列表包含了一些你在课堂上可能会提问的主题：

- 概念
- 事件
- 流程
- 解释
- 各种信息
- 思维方式
- 意见
- 论证
- 想法
- 推测
- 可能性
- 替代
- 假设
- 理论
- 实验
- 事实
- 词语
- 行动
- 信念
- 知识
- 理解
- 感情
- 原因

- 示例

- 证据

好好观察和分析你所提的问题，这会帮助你更好地认识到你所使用的问题类型以及你提问的主题是什么。在我的教学过程中，我更倾向于提关于"想法"和"理解"的问题，而很少提关于"事实"和"知识"的问题。我发现认识自己提问的主题很有帮助，因为它会时不时地提醒我要关注事物的另一面。

在提问上不需要做到尽善尽美，事实上也不可能做到。最好的做法是发挥你自己的优势，同时意识到你可能会忽视的某些领域（提醒自己对这些方面多多关注）。

第4章

CHAPTER FOUR

20种高效的课堂
提问活动

在这一章中，我们将围绕课堂提问，介绍并举例说明20种不同的活动。所有这些活动是通用的，可以用于不同的课程和不同年龄段的学生。你也可以根据你所教的班级和课程做一些微调。

1. 交叉提问

按照四人一组的标准给学生分组，每组挑选一名成员作为交叉检查员。请交叉检查员离开自己所在的小组，统一站在全班前面。老师给每组学生分发不同的材料，材料上的内容是关于同一主题的不同方面，比如同一事件的不同消息来源，对同一个问题的不同看法，同一体裁的不同诗歌及其解读。

所有的交叉检查员分成两组，依次去每个小组，就已经分发的材料提问，用笔记录下他们得到的相关信息。参观完所有的小组后，他们回到原来的小组，分享所得到的信息。然后小组成员们一起思考这些信息，看从中能得出什么结论。

　　课堂活动要围绕一个主要的问题来开展，学生要通过交叉提问和对材料的评估来回答这个问题。你也可以用交叉提问的方式来引出课堂主题，向学生介绍新的学习内容。在这种情况下，你可以提一个较宽泛的问题，比如"在接下来的课程中，我们会看到些什么？"，以此来构建活动框架。

　　当交叉检查员站在教室前面，小组成员正在分析手中的材料时，这段时间可能会空下来，为了让交叉检查员集中注意力，你可以让他们组成一组，共同讨论他们可能会问的问题，鼓励他们思考如何通过不同类型的问题引出不同的答案。此外，你可以要求他们根据某个明确的目的来确定他们要提出怎样的问题（并给出提问的理由）。

　　给每个小组分发书面指示，让交叉检查员和各个小组根据指示进行互动。例如，一个小组可能被要求只对某一特定类型的问题作出特定回答，这会有助于督促交叉检查员在提问时，认真考虑他们所要问的问题。

2. 流动记者

　　把班级分成两组：一组是"流动记者"，另一组是角色扮演者。向第二组分发角色卡片，向他们详细说明他们要扮演的角色，给他们提供背景知识，让他们根据不同的背景知识，来确定角色的行为、思想和互动，这会有助于他们理解角色。向"流动记者"组每人发一份表格，在表格里写上不同角色的名字。每个名字的旁边或下面都有空格。

流动记者需要在空格里写下他们的发现。

活动开始了，流动记者们和角色扮演者们开始交谈。如果你有足够的角色卡，那么每个学生都可以扮演不同的角色。如果没有足够的卡片，就会出现多个学生扮演一个角色的情况，这没关系，关键是要确保每个学生都能扮演一个角色。

流动记者的工作就是和每一个角色交谈，尽可能多地获取角色卡片上的信息。你可以限制流动记者提问题的数量，这将使记者的注意力高度集中，促使他们仔细思考问什么问题以及为什么要问这些问题。

在活动结束时，每个记者应该与一个角色扮演者组成搭档，向其分享自己的发现。反过来，角色扮演者判断记者所分享的角色的信息是否准确。最后，这对搭档可以共同撰写一篇新闻报道或文章，将所发现的信息详细地叙述出来（如果需要，也可以与不同的角色扮演者一起验证信息的准确度）。

这个活动的优势在于，如果对某件事情、某个观点、某一理论或者其他类似的问题，不同的人或者群体持有不同的观点，则这些观点可以通过这个活动展现出来。举个例子，要决定在哪里建设风力发电场，对于此事，各种团体（包括环境保护主义者、自然资源保护主义者、当地居民、当地企业、能源公司、国家政府、地方政府，等等）都会有不同的看法。显然，这里可供选择的角色很多，可以让学生们各自扮演其中的一个角色。当然，这里有很多事情需要记者去发现。这项活动的最终目标就是给法院提交一份报告，汇报是否应该在当地建设风力发电厂。

3. 侦探检查员

把全班分成三组，给每组分配一个数字（可以把数字设置成较大的字号，打印出来发给每个小组）。给每组提供一些关于主题的信息（如果小组数量较多，可能会出现几个小组拿到相同材料的情况），向全班学生说明如何进行这项活动：每个小组要找出整个故事的主线是什么，以及他们手中的信息是否与主线相符。学生们将扮演侦探，试着找到关于这个故事的所有细节。

每个小组首先熟悉自己手中的材料，然后再跟另一个小组配对，互相提问。如果学生们面对面坐着，中间放一张桌子作为屏障，活动会更有趣。

在这个阶段，学生需要注意三条规则：

1. 小组轮流提问，一次提一个问题。

2. 每个小组只能向另外的小组提五个问题。

3. 小组之间不允许互相展示他们手中的材料，只允许回答被问到的问题。

给学生发一张表格，表格的列数与小组数目相同。让学生把小组编号写在每列的顶端，并把他们得到的答案写在编号下面。

活动一直持续到各个小组之间都进行了互相提问。提问完成之后，学生们回到他们原来的座位，讨论他们的发现。老师应该补充一些问题来帮助学生找到主题，例如"主题是什么？如何将我们的信息和他人的信息联系起来？我们还需要找出什么？"。老师可以让每个小组向另外的小组再提问三个问题，让他们彼此交换信息。

活动的最后进行班级讨论。各个小组说出他们对主题的理解以及如何将信息联结起来，各个小组也可以解释一下他们手中的资料，最后对所提出的问题及其结果进行点评。

4. 设计由易到难的问题

在一个单元的学习将要结束时，进行这项活动效果最好。下面是活动介绍：

把全班分成两组，这两组最终会互相对峙。对峙之前，每一组的学生两人或者三人结成一小组（视学生人数而定），我们把这些小组称为小分组。

小分组要根据最近学习的主题出十道题。题目由易到难，从最简单的开始，逐渐增加难度。第十道题应该是所有问题中最难的。要注意的是，出题人必须能够回答上来自己出的题目。如果他们回答不上来，就不能提问该问题。

给学生充分的时间出完题后，学生们要重新布置教室，将桌子摆成一长排，桌子两边都放着椅子（如果学生人数较多，可以摆两排桌子）。然后，两大组学生分别坐在桌子的两边。老师把一组学生标记为"A"，另一组学生标记为"B"。

请A组先提问。A组的一个学生向坐在对面的B组的学生提问十个问题。对面的这个学生回答问题。然后这两个学生讨论回答是否正确，出题的学生纠正错误的答案。然后两组交换，B组的学生向A组的学生提问。

完成之后，A组的成员站起来，交换位置，重新与B组成员配对。这个过程一直持续下去。最好不要让学生的座位离得太近，这是因为坐在对面的学生可能在活动的第一阶段就听到了旁边小组的问题（和答案）。活动的最后进行全班讨论，学生们一起分析遇到的最大的困难是什么。此外，也需要让出题的学生说一下他们是如何提出这些问题的以及为什么会提出这些问题。

5. 最佳投球

把学生分成四组，指定其中一个小组为"执行委员会"，其他的小组为"投手"。每个小组都要回答一个问题。四个小组的分工如下：

执行委员会：向执行委员会的成员发放与主题问题相关的背景材料，成员认真阅读和分析材料，共同讨论该问题，思考其他同学会怎么回答这个问题。然后，执行委员会成员一起制定标准，用以评判其他小组的答案（即判定投手的投球）。最后，成员们共同商定要向投手们提出怎样的问题。

投手：每个小组共同合作，找到问题的答案。老师向投手们说明他们要做的事情：针对主题问题想出一个解决方案；准备一个简短的展示来解释小组的解决方案；计划一个演讲，在演讲中展示小组解决方案的优点；预测小组可能会被问到的关于解决方案的问题，以及小组将如何回答这些问题。

在讨论解决方案的阶段，老师可以邀请每个小组的一名成员去执行委员会那里了解一下他们在寻找什么样的解决方案，也可以请执行委员会的成员在教室里四处走动，观察每个小组在做什么，适时向小组提问。

小组在规定的时间内结束方案讨论。这时，老师可以邀请执行委员会的成员坐在教室前面，在他们面前摆放两张桌子，桌子应与全班同学成45度角。这样既能保证所有同学都能看到执行委员会的成员，听到他们的讲话，也有利于执行委员会的成员直接与做展示的小组对话。

每个小组依次上来做展示。在规定的时间（比如两分钟）内向执行委员会陈述他们的解决方案，然后回答执行委员会的提问。最后，其他同学也可以对该小组提问。

当每个小组都展示了他们的解决方案后，执行委员会要退到教室的角落（或走廊）对解决方案做出评估，判定哪一个方案是最好的，以及为什么是最好的。与此同时，老师可以让其他学生反思自己的演示中哪些地方做得很好，哪些地方还可以改进。

活动结束时，执行委员会回到座位做出决定，并且对所做的决定给出详细的理由和解释。

6. 哲学式提问

在本书的"示例问题"部分，我提供了一系列的哲学问题，涵盖不同的课程主题。这些问题可以用来激起学生的讨论，给学生布置探索性的任务，让学生分组或者独立完成，加深他们对某个主题的理解。

哲学被看作"思考中的思考"。在课堂上，哲学可以帮助学生分析某些概念和范畴，这些概念和范畴是思维赖以生存的土壤。除此之外，哲学还可以帮助学生探究知识的本质、思考道德问题等。哲学有五个主要的分支，大部分的学科都可以从这些分支中找到提问的依据。这五个分支是：

- **伦理学**（对道德的研究——什么是对与错？我们如何分辨？）
- **认识论**（研究知识的本质——我们能确定什么？我们怎样才能了解事物呢？）
- **形而上学**（研究世界的本质——世界有什么？世界是什么样的？）
- **美学**（研究美的本质和艺术——什么是艺术？是什么让事物变得美丽？）
- **政治哲学**（研究政治、权威、正义等——我为什么要被统治？正义是什么？）

作为一名教师，如果你熟悉这些哲学的分支，就会很容易抓住机会，利用课堂活动引导学生进行哲学思考。

利用课堂活动引导学生进行哲学思考有三大好处：

1. 可以让学生更深入地思考主题，这将有助于他们加深对主题的理解。

2. 可以帮助学生理清思路。

3. 可以帮助学生批判性地思考他们所使用的概念和范畴，以及他们所提出的观点和论点。

对我个人来说，哲学思考本身就是最大的好处。以上三点也许可以说服你在教学过程中督促学生进行哲学思考。

7. "我是谁"游戏

这是一个非常简单的游戏，也很有趣。规则如下：

把全班学生分成两组或三组，每个学生都会拿到一张便利贴。他们分别在便利贴上写下一个具体的名字（比如伊丽莎白女王）或某个团体的名字（比如某个工人阶级团体），确保不让别人看见。

每组选一个人先开始游戏。最先开始游戏的人，将收到某个组员的便利贴。开始游戏的学生把这个便利贴贴在额头上，其他人要确保他/她没有看到便利贴的内容。接下来，做游戏的学生要向其他小组成员提出一系列问题，弄明白额头上的名字到底是谁。当学生猜对了，或者最终放弃时，下一个学生开始游戏。

老师可以制定一些游戏规则，比如：

1. 学生只能提出一些回答"是"或"否"的问题。

2. 学生只能提问一定数量的问题。

3. 学生只能提出书面问题（回答也必须以书面的形式）。

4. 如果三个学生一组，回答问题的两名学生事先决定谁会说真话，谁会说谎。提问的学生必须设法弄清楚得到的信息是真实的还是虚假的。

5. 学生不允许提直接相关的问题（例如"这个人是谁？"）。他们必须问一些间接的问题，比如"这个人长什么样？""这个人遇到某事会有什么反应？""这个人会怎样描述某人？"。

8. "20个问题"游戏

这里还有一个简单的游戏，我相信你一定会用到它。这个游戏的基本规则如下：

从小组或者全班中，选出一名学生想出一个与活动主题相关的事物，想好之后不要告诉任何人。老师也可以指定与主题相关的事物范围，让这名学生从中选择。然后小组或全班准备好20个问题，他们需要用这些问题向该学生提问，从而找到与主题相关的事物是什么。这20个问题的措辞要恰当，只能通过"是"或"不是"来回答。

下面是游戏的具体玩法：

1. 指定一名学生负责记录学生提出的问题，我们在活动快结束时会用到这份记录。

2. 指定一名学生负责记录学生给出的答案，这会帮助学生记住已经获得的信息。

3. 鼓励被选中的学生选择与主题相关的更抽象或更深奥的事物，让其他学生来猜测，这会增加活动的难度。

4. 在活动开始前，要先讨论一下，对这个游戏而言，什么是好问题。让学生认识到：如果能尽快缩小选择范围，成功的几率就会更高。可以跟学生讨论一下，哪些类型的问题可能会产生这种效果。活动的最后，你可以和全班同学一起探讨，什么时候或者在什么地方用哪些问题会取得最好的效果。

　　5. 让游戏更具竞争性。可以把班级分成两组，老师在纸条上写下与主题相关的事物。从每一组中叫一个学生走到讲台，随机给他们一张纸条，他们的队友必须用最少的提问找到纸条上写的是什么，然后对方小组开始提问。如果老师不喊停，游戏就会一直进行下去。当游戏开始时，会有人记录提问的次数，问问题最少的队伍就是获胜的队伍（给没有猜出答案的小组适当的惩罚）。

9. 如果这就是答案，那问题是什么

　　这个活动很适合在刚上课时使用，它很吸引人，节奏快，而且给学生提供了很高的成功机会（从而激励和吸引他们）。活动规则如下：

　　在黑板上写下一个答案，并问学生："如果这就是答案，那么问题可能是什么？"邀请学生在短时间内（两分钟应该足够了）尽可能地多列问题。学生两人一组或是独立学习时，这个活动同样有效。下面是一些例子：

答案：人权

可能的问题：每个人都有的是什么？什么让人们不再遭受迫害？我们如何保护人民免受政府和独裁者的伤害？

答案：牛轭湖

可能的问题：你把新月形的湖叫做什么？在蜿蜒的河流中，侵蚀

会产生什么形状的湖泊？田纳西的里尔富特湖是什么湖的典型代表？

有时为了增加活动的难度，你可以提出更高的要求，例如：

- 尽可能地想到更多的问题。
- 试着提出一个与众不同的问题。
- 想出三个完全不同的问题。
- 当你提出这三个问题时，考虑一下这些问题是否还有其他的答案。
- 在其中一个问题中，使用"证明"一词。

当学生们想好问题后，先让一些学生对全班同学说出自己想到的问题。全班同学一起来讨论这些问题的结构，为什么这些问题是好问题，或者如何来组织问题。

10. 随机抽题

准备一系列可以用于任何材料的通用问题。你可以使用本书中的示例问题。将每个问题分别写在一张单独的纸上，然后把所有的纸放在一个盒子里。将这个盒子放在教室里以便你反复利用。

将学生分成三人一组。把盒子轮流递给每一组学生，学生从盒子里抽出一张纸，把问题读出来。然后整个小组开始讨论这个问题，接下来的时间里，他们可以一起讨论和调查这个问题。

给学生充足的时间去讨论和思考答案，讨论的时间长短取决于问题所涉及的主题和问题本身的难度。在某些情况下，问题可能相当直接，因此只需要很短的时间来回答。问题也可能很复杂或具有挑战性，因此需要很长一段时间来回答。

时间到了，请每个小组的一名成员担任特使，依次访问其他小组，向这个小组解释他们的问题是什么，以及他们和组员给出了什么答案。活动可以在此结束，你也可以引入一个附加活动，让全班同学讨论其中的两三个问题（可以选择大家最感兴趣的问题或最有价值的问题来讨论）。

在学生对某个主题已经进行了一段时间的学习之后，进行这个活动是最好的，因为他们会想出更多的方法来处理这些问题。如果该活动是在一个单元刚开始的时候进行，学生很有可能回答不上来问题，因为这些问题是随机选择的，而不是由老师来决定的。

11. 设计问题合集

与你的班级一起设计一组可以反复用于某项任务中的问题，每当出现这样的任务，学生就可以使用这些问题。这将有助于培养学生在某个领域的技巧和思考能力。下面是一些可以用到问题合集的活动：

- 分析材料
- 解读文本
- 展开论证
- 评估证据
- 评估理论

下面的问题集可以用于分析材料：

- 谁创建了这个材料？

- 可能是出于什么原因创建了这个材料？

- 这个材料与其他材料相比怎么样？

- 谁可能使用了这个材料？为什么？

- 在什么地方可以找到这个材料？

- 这个材料会带有偏见吗？为什么？

如你所见，这样的问题集合可以帮助学生在分析材料时，始终围绕着材料这个中心。使用这种方法的好处之一是它能够训练学生系统地学习材料。因此，他们很有可能在相对较短的时间内（由于不断地重复）学会活动所需的技能。

12. 问题搬运工

学生被分成四人一组，每组的一名成员被指定为"问题搬运工"。他们走到教室前面，老师给他们每人一个问题（你可以把这个问题绑在一根棍子上，这样就可以把它举到空中）。搬运工回到他们的小组，将问题告诉组员，小组开始讨论问题。在讨论期间，搬运工应该把小组的讨论记录下来。

规定的讨论时间结束后，老师让搬运工站起来，把他们的问题带到另一组。来到新的小组后，搬运工们立即分享第一次讨论的要点。如果他们愿意，他们可以引导新的小组关注这个问题的某个领域，或是补充第一次讨论中的观点。当然，新的小组也可以就问题自由讨论。因为搬运工对这个问题更有自信，所以充分利用搬运工的价值，也不失为一个很好的选择。

只要老师觉得有必要，活动就可以一直进行。三四个来回之后，学生很可能会感到疲劳。教师应该密切关注学生的表现和状态，并在适当的时候请问题搬运工回到他们原来的小组。

回到原来的小组后，问题搬运工和同伴们分享其他小组在讨论中说了什么。然后，问题搬运工可以领导小组进行进一步的讨论，或者小组继续讨论之前得出的观点（问题搬运工不会参与其中）。

这个活动可以用于不同的场合。根据不同的的场合，问题也应做出相应的调整。例如：

1. 在一个单元快结束时使用该活动。根据某个主题，按照考试题目的形式，可以提出一系列的问题。

2. 在学习到一个单元的中间部分时使用该活动。此时，学生们刚刚接触关键的概念，可能还没有深入地思考它们，可以根据某个主题的关键概念提出一些问题。

3. 在一个单元刚开始时使用该活动。学生可以通过猜测、运用现有的知识和回顾他们之前的经历来回答问题。

13. 采访游戏

你可以按照采访的形式来组织课堂活动，以下是三种具体的操作方法：

1. 向学生解释如何采访其他同学，采访中要询问同学们对于学习的看法、意见和想法。这个活动在单元学习开始或快结束时进行，效果最好。在单元开始的时候，作为开场活动，可以引导学生回答出对单元主题已有的知识，帮助他们从学术的角度思考这个问题——这是他们之前从未做过的。在单元快结束时，这个活动可以帮助学生反思他们所学到的东西，并把所学到的知识串联起来。

给学生们10分钟的时间，让他们提出5到10个与主题相关的问题（问题的数量取决于你想在活动上花费的时间），学生之间可以互相提问。你可以首先提出几个问题当作开场问题，或者让有能力的学生先说出自己准备的问题。

当所有的学生都提出了自己的问题后，请他们在教室里走动，尽可能多地采访其他学生并记下他们的回答。

活动可以以以下两种方式中的一种结束。第一，你可以让学生写下他们的发现。第二，你可以让学生三人一组讨论他们的发现（主要是比较他们所得到的答案）。

2. 学生两人一组。每组有一个成员会获得一张角色卡，他们要扮演这个角色。因此，如果活动是在单元学习的中间阶段进行，效果会更好，因为此时学生们就会有足够的知识储备来扮演角色。

小组中的另一个成员是采访者，他们的工作是向角色扮演者提问并记下他们的回答。如果时间充足，可以再次发放角色卡，让成员交换角色。

活动可以进一步开展，重新划分小组，新组成的小组一起比较在采访中得到的各种回答，讨论角色（们）的态度、信仰、价值观等。

3. 告诉全班同学这个活动与学习有关，在黑板上写上主题的类别，按照类别的数目把班级分成几组，每组分配一个类别。每个小组有十分钟的时间列出他们想问的问题，所提的问题都必须与所讨论的类别相关。

规定时间结束后，老师要求各个小组把他们的问题按照从最重要的到最不重要的顺序排好，然后小组里选出一名代表，代表组员进行提问。代表们依次走上讲台，每个人都有三分钟的时间，按照小组列出的问题，向老师尽可能多地提问，老师必须尽力全面准确地回答问题（如果老师也不知道答案，应该大方承认）。

在提问开始前，给每个小组发一张表格，每一个格子代表一个类别，学生可以在这张表格上做笔记。

14. 焦点小组

下面是焦点小组开展的两种方式：

1. 从班上随机选出十名学生。将几张桌子排在一起，桌子四周摆上椅子。让这十位学生围着桌子坐下，老师作为负责人坐在中心，这就是焦点小组。其他小组围绕焦点小组，坐在外面。

老师解释活动规则，焦点小组的组员将就一系列与主题相关的问题分享他们的想法和观点。坐在外面的学生每人都会拿到一张表格，上面列着老师要问的问题，下面空白的地方可以做笔记。

老师开始提问第一个问题，焦点小组的成员听到问题后开始讨论。坐在外面的学生，记下他们认为讨论中最重要或最有趣的观点。

当老师问完所有的问题，焦点小组的讨论也结束后，焦点小组的学生站起来，加入到坐在外面做笔记的同学当中。两三个学生组成一组。每一组都应该包含一个焦点小组的成员和一到两个做笔记的学生。新成立的小组对坐在外面的学生观察到的情况进行讨论，同时反思在讨论中提出的观点。

关于这个活动，你也可以让学生向焦点小组提问题。把学生分成三或四人一组，让每组提出一个他们认为适合讨论的问题。

2. 把班级分成三组（如果班级人数很少，也可以分成两组或保持一组）。让学生把桌椅摆放成三组，每个小组围着桌子坐下来。

各个小组的成员同心协力，提出一系列与研究领域有关的问题，这些问题可以作为小组讨论的基础。当学生提完问题后，让他们推选小组中的两名成员作为焦点小组组长。组长站起来，带着他们的问题列表到另一个小组去。然后根据问题列表进行讨论。

规定时间结束后，停止讨论。焦点小组组长要回到他们原来的小组，作为讨论的主持人，分享他们的讨论结果。反过来，其他同学，作为讨论的参与者，也要分享讨论的结果。

活动到这里可以结束，也可以再加一个后续活动，让全班同学反思，对由不同问题而引发的各种讨论进行比较。

15. 对已有的问题提问

如果学生能在回答问题或者完成任务时，对问题提出质疑，会有益于学生对问题进行批判性思考，并做出与主题更紧密相关的回答。

下面是五个你可以用来帮助学生提出质疑的活动：

1. **问题合集**。老师向学生提供一个问题合集，学生可以用这一合集中的问题来质疑自己所应对的任务。例如：

- 我被要求做什么？
- 问题或任务中的关键词是什么？
- 这是什么意思？
- 为什么要问我这个？
- 我怎样知道我是否完成了该任务？

这些问题可以写在黑板上展示给学生，复印出来分发给学生，或者打印出来粘贴在他们的书本上。

2. **分成小组来完成问题合集**。方法如1所述，不同之处在于将整个班级分成小组，每组回答列表中的一个问题。每个小组思考出答案后，与全班同学分享。如果可以的话，可以在黑板上整理出答案，以便学生在完成作业时参考。

3. **问题讨论**。在大纸上写上四到五个评估式的问题。将这些纸分别贴在教室的各个地方。学生们可以四处走动，并在每张纸上写下他们对某个问题的答案。这样学生也能阅读别的同学写的东西。在活动结束时，学生选择一个问题并给出详细的答案。他们可以使用写在大纸上的评论来帮助他们回答。

4. **问题的路径**。在黑板上写一个问题，让学生三人一组回答问题。每组同学都要想出五种不同的路径来回答问题，每一种路径都侧重于问题的不同方面，或者对问题的不同解释。

当学生想出所有的路径后,请他们讨论这些不同的路径,并决定他们将沿着哪一个方向前进,把这个路径作为书面回答的基础。

5. 一个好答案是什么样的? 这个活动非常简单。向学生展示一个问题,然后问他们:"一个好答案应该是什么样的?"收集全班同学给出的回答(请学生给出之所以这么说的原因),用学生共同得出的标准来指导学生作答。

16. 谁、什么、何地、何时、为什么、如何

这六个词构成了大多数问题的基础,它们也是各种问题活动得以进行的根本。下面是三个你可能会在课堂上用到的例子:

1. 把全班分成六组。向每一组提供某个研究领域的相关资料,并给每一组分配一个问题词。让学生根据这个问题词对手头的材料进行提问。

在活动开始时,发给学生一个大表格,上面有六个格。在这六个格里贴上"谁""什么""何地""何时""为什么"和"如何"的标签。让学生们在标签下面的空白处写下自己提出的问题的答案。

当规定的时间结束后,每个小组选出一名代表。这些代表来到其他小组,并与该组组员分享他们关于特定问题词的发现。最终,班里的每个同学都会将表格填完,并且获得关于某主题的大量信息。

2. 拿六张大纸。在每张纸的顶端,写上一个问题词:"谁""什么""何地""何时""为什么"以及"如何"中的一个。将这些纸分散放在教室不同的地方。邀请学生四处走动,并在每张纸上写出含有该

问题词的问题。当规定的时间过去后，结束活动。

现在，将这些纸贴在教室的墙上。告诉学生，在分析材料、参与讨论、执行任务或回答问题时，可以利用这些纸上的问题来帮助他们。此外，要清楚地告诉学生，他们随时可以把想到的新问题写在纸上。

● 为每个班级成员制作压膜的问题纸。在纸上印好："谁……？什么……？何地……？何时……？为什么……？如何……？"

鼓励学生在执行任务、回答问题或参与讨论时使用这些问题词。实际上，这张纸可以作为学生的一个备忘录，帮助他们专注思考和分析问题。对老师而言，这也是一个有用的工具。如果学生向老师寻求帮助，老师可以说"看看你的问题纸"或"试试参考你的问题纸来回答这个问题"（这反过来，又会鼓励学生独立思考）。

17. 问题车站

如果你的班级里大约有30个学生，在教室的四周建立六到七个不同的车站。每个车站关注一个不同的问题，所有的问题都应与整个研究主题相关。下面的例子可以帮你理解如何进行这项活动：

研究主题：

英国的民主

问题：

1. 议会大厦中会发生什么？

2. 民主是一个完美的制度吗?

3. 民主必须具备哪些特征?

4. 所谓的民主为什么可能是一种令人愉悦的幻象呢?

5. 参与政治的最佳方式是什么? 为什么?

6. 你可以做些什么来试着改变所在社区的一些事情?

7. 为什么人们想要在自己的国家实现民主?

从示例中看出,有些问题(如第1个问题)十分具体,而其他问题(如第4个问题)相当抽象。这个活动的优点之一是可以为学生提供一系列不同的问题类型。这将帮助你区别问题,帮助学生完成回答,并使你和学生都极力地围绕问题的主题来思考。

给学生每人发一份表格,表格上面的问题可以在每个车站找到。在表格空白的地方,学生可用来在参观车站时做笔记。

除了问题外,车站还包含许多其他的信息。看上面的例子,1号车站将包含关于下议院和上议院的信息。学生可以通过阅读和分析材料来回答这个问题。关于6号车站的问题可以从多个不同的方面回答(例如"和犯罪相关的""和年轻人相关的"以及"和环境相关的")。学生可以在同一张大纸上作答,给出不同类别的答案。这也让学生有机会与其他同学交流,重新审视自己的观点。

活动结束时,老师让学生投票选出他们最希望讨论的问题。接下来学生开始利用他们在活动中已经获得的信息进行讨论。如果有时间,再继续讨论第二受欢迎的问题。

18. 问题卡片

这项活动需要提前做一些规划，但你投入的时间都是值得的，因为你可以重复利用相同的资源来提问不同的问题。具体操作如下：

拿几张卡片，把卡片裁剪成扑克牌大小，卡片的数量取决于你想提多少个问题。在每一张卡片上，写一个问题，问题的内容可以多种多样。下面是一些示例问题：

- 它是什么？

- 如何描述它？

- 它和什么有关？

- 它有目的吗？可能是什么？

- 关于它，你知道些什么？

- 你以前在哪里见过它？

- 如何使用它？它是如何工作的？它有什么功能？

- 它有结构吗？如果有，它的结构是什么？

- 我们为什么要了解它？

- 你觉得我们应该试着找出些什么？

无论你提出什么问题，都应该通用。你可以提出一些与你的主题相关的问题，你也可以使用本书"示例问题"中的问题。无论你选择哪种方式，最终都会得到一副扑克牌样的卡片，上面有一系列的各种各样的问题。

你可以通过以下几种方式使用这些卡片：

1. 按照三人一组的标准给学生分组，每组分发不同的材料。在你绕着教室走动时，从卡片中随机抽取问题，请小组成员根据拿到的材料写下问题的答案。在活动的最后，小组间可以分享他们的发现。

2. 给所有学生同样的材料。从卡片中随机抽取问题，让学生写出自己的答案，接下来全班讨论。讨论期间，学生们将分享自己的答案，并对与问题相关的材料做出评价。

3. 多做几副卡牌。这非常简单，将问题打印出来，贴在卡片上，然后剪成扑克牌大小。把学生分成三人一组，每组发一份材料（材料可以相同，也可以不同）和一副卡牌。每组的一名成员被指定为"抽卡人"。抽卡人随机抽出卡片，问组里的其他人问题。小组成员在活动进行的过程中整理好问题的答案。

19. 发散性提问

把全班同学按照三人一组的标准分组。给每个小组发相同的材料，但问题不同。各个小组试着通过分析手中的材料来回答他们的问题。当对材料有了足够的了解之后，就着手准备把他们的发现展示给其他人。接下来，小组间互相配对，轮流向彼此展示对材料的发现。然后，将现有的配对拆开，组成新的配对。按照这种方式，重复三到四次，每次配对，各个小组都要分享自己的发现（这样每个小组都会与其他三到四个小组分享自己的发现）。

举个例子：

主题是犯罪和反常行为。给每个小组的材料如下：报纸上刊登的一篇关于最近一起高调犯罪的文章；英国内政部关于犯罪的统计数字；关于如何在当地社区减少犯罪的一个案例研究；发生在其他文化中的三个行为，这三个行为如果发生在英国，会被看作违法行为；一项关于青春期的女孩和男孩表现出的反常行为的比例的社会学研究。

可以向各小组提出下列问题：

- 这些材料告诉我们英国的犯罪是怎样的？

- 这些材料如何帮助我们界定反常行为？

- 犯罪和反常行为的联系有多紧密？

- 谁来决定什么是反常行为？

- 所有社会中的犯罪都是一样的吗？

- 犯罪或反常行为是我们社会的大问题吗？为什么？

在这个例子当中，学生应该对要讨论的主题事先有一定的了解。此外，老师可以将教科书上的内容作为已经分发的材料的补充。这样的活动安排可以让学生由点到面地了解一系列的知识。

为了组织好活动，你可以和学生一起讨论这些发散性问题对学生阅读材料会产生怎样的影响，探讨问题如何引导学生从某些方面解读材料，让学生有意识地关注特定的领域，或忽略某些不重要的方面，这也会助益你的教学活动。

20. 用问题引导评估

自我评估和同伴评估是优质教学的重要组成部分，不仅为学生提供了探索合理的评估标准的机会，也有助于他们接受他人对自己（以及同伴）工作的评估。

参考标准是指对一件作品、一份作业或一份工作进行判定以确定其等级时所依据的一系列指标。参考标准可以是分数、参考答案或其他学生已经完成的工作。

我们可以用问题对同伴进行评估和自我评估。最简单的方法是将评估标准以问题的形式呈现。请看下面的例子：

- 解释这三个关键词的含义。

- 举例说明你对这三个关键词的理解。

- 使用这三个关键词来解释材料。

以上表述可以转换成下列问题：

- 关于这三个关键词有哪些解释？

- 这些解释准确吗？

- 这名同学举出了什么例子来说明其对关键词的理解？

- 这些例子是否有效表明了这名同学的观点？

- 这名同学是否解释了材料？

- 这名同学在其解释中是如何使用关键词的？

再加上必要的提升问题：

- 这名同学应如何改进其作业？

将陈述句改成疑问句更易于让学生们理解。教师让学生做的评估（包括对自己和对同伴的评估）现在变成了对一系列提问的回答。疑问句与陈述句相比，疑问句的引导作用更强，这让学生能够更轻松地完成任务。

最后要补充的一点是，在同伴评估中，教师让学生对同伴提出的是问题，而不是目标。下面是几个例子：

- X在情形Y中要如何发挥作用？

- 你如何展开对X的分析？

- 如果你在X方面花费更多的时间，你的答案会有什么不同？

然后，学生可以在写作或讨论中回答这些问题。如果是讨论，最好给学生一些思考的时间，这样学生就能充分理解对方提出的问题，最终给出自己的答案。

第5章

CHAPTER FIVE

示例问题归类

本书囊括了1200多个示例问题，它们可以被分为下面几类：

第6章到第10章里有大约800个问题，这些问题是根据布卢姆教育目标分类法的前五个层次提出来的。

第11章包含大概450个哲学问题，基本上覆盖所有课程领域。

第12章是90道总结问题，可以在任何一次课程结束时使用。

第13章以如何对"过去的事情"进行提问为例提供了25个问题，展示了如何围绕特定的主题提出问题。

在第6章至第10章中，所有的问题都用字母"X"作为主语。这确保了所有的问题都是通用的，因此可以用于任何主题。请看例子：

从第6章节取了前三个问题：

1. 外星人如何辨识X?

2. 什么能够帮助你辨识X？

3. 要成功地辨识X，需要知道什么？

如果我们正在讲授一节关于旅游的地理课，可以把问题改成：

1. 外星人如何辨识旅游目的地？

2. 什么能够帮助你辨识旅游目的地？

3. 要成功地辨识一个旅游目的地，需要知道什么？

你会发现，这些问题几乎可以适用于任何我们可能授课的课程。例如：

1. 外星人如何辨识二次方程？

2. 什么能够帮助你辨识偏见？

3. 要成功地辨识半透膜，需要知道什么？

以上这些问题都可以通用，接下来我们为您提供了一系列极具挑战性和吸引力、可以即拿即用的问题，您可以将这些问题应用到您教授的任何课程中，这会帮您节省很多时间。

那么，一起来看看都有哪些问题吧！

第6章

CHAPTER SIX

即拿即用的
理解型问题

1. 辨识类问题

外星人如何辨识X？

什么能够帮助你辨识X？

要成功地辨识X，需要知道什么？

要辨识某种X，可能需要知道什么？

当你试图辨识X时，会被什么误导呢？

想象一下，新手在辨识X时会遇到什么问题？他们应如何避免或克服这些问题？

你如何通过观察不同点来辨识X呢？

你如何决定X应该和哪些东西搭配呢？

你可以用什么来表示X？

两个素未谋面的陌生人如何能将同一事物都视作X呢？

假如你被剥夺了一种/两种/三种/四种感觉，哪种/哪些感觉可以让你辨识X？为什么？

什么会令X无法辨识？

谁会是最擅长辨识X的人呢？为什么？

在什么时间和地点了解如何辨识X是有用的？

回想一下，在你无法辨识X的时候，你有什么样的学习经历？有什么戏剧性的事情发生？你经历了失败还是取得了成功？什么让你能够辨识X？

为了将来更好地辨识X，你会做出怎样的改变？

如何将X分解为一系列可辨识的东西？

X有哪些特性可以帮助你辨识它？

你能辨识与X有关的单词/图像/声音吗？为什么这些事情会有关联？

如果X在一组相似的东西中，你会如何辨识它？

在不同的情况下辨识X会有什么不同？

两个人能将两个不同的东西当作X吗？如何做到的？为什么？

考虑一下你是如何确定X是可辨识的，别人是怎么评价的呢？

是否有确定的方法来辨识X？

X的身份是唯一的吗？

什么时候以及为什么X可以被包含在一个更广泛的类别中？（例如，什么时候以及为什么橡树会被归为木材类？）

你能从这个列表中找出X吗？你是怎么做到的？

2. 表达类问题

你对X有什么感觉或想法？

X带给你什么感觉或想法？为什么会发生这种情况？

关于X，其他人可能会表达什么感受或想法？为什么？

X给你的感觉和带给你的思考是不同的吗？原因是什么？

X会如何影响你的感觉或想法？

你如何用你的身体来表达X让你思考或感受的东西？

你如何用颜色/声音/形状/节奏/触摸来表达X让你思考或感觉的

东西？

别人会怎么看X？为什么？

A和B两个人对X有什么想法或感受？它们如何以及为什么会不同？

你如何表达你对X的感受？

你对X有什么看法？

你如何论证你对X的看法？

有什么理由、例子或证据可以支持你对X的看法？

如何在Y的语境中表示X？

如何用Y表示X？

为什么X会让人思考或感觉到某些事情？

如果X改变了，你对X的想法和感受也会改变吗？

Y的变化会如何影响你对X的想法和感受？

如果不允许任何人表达他们对X的想法或感受，世界会变成什么

样子？

如果每个人都能读懂别人对X的想法和感受，世界会变成什么样子？

在不同的情况下，人们对X有什么不同的看法？

你如何展示X给你的感觉或带给你的思考？

生活中有我们无法自我表达的情况吗？如果没有，原因是什么？如果有，你能列举出一种在现实生活中，我们无法自我表达的情况吗？

如果你被剥夺了一种/两种/三种/四种感觉，你会如何表达你对X的想法或感受？

其他因素（例如过去的经历）会在多大程度上影响你对X的想法和感受？这会给你造成困扰还是带来好处？

语言如何帮助你表达你对X的看法？

语言如何阻碍你表达你对X的看法？

在什么地方最能表达你对X的看法？为什么？

经过思考之后，你对X最初的想法或感觉会发生什么变化？

3. 描述类问题

你怎么描述X？

你如何通过动作/文字/图片来描述X？

情境对你对X的描述有什么影响？

你如何向不同的受众描述X？这可能会产生什么样的后果？从中可以得到受众和描述之间存在何种关系？

你如何描述X随时间Y而变化？

你能描述X随时间流逝而产生的变化吗？

你能详细描述一下X吗？你的回答中需要包括什么才能使你的描述更详细？

如何区分对X的描述和对X的详细描述？两种不同的描述（可能是有意的，也可能是无意的）可能会带来什么结果？

个体A如何描述X？

A和B两个人对X的描述有什么不同？原因可能是什么？

动机或欲望对一个人对X的描述有什么影响？

你能描述一下X的组成部分吗？相比对X的总体描述，两者有何差异？

你如何向一个视觉/嗅觉/触觉/味觉/听觉丧失的人描述X？失去某种感觉会如何影响你描述X的能力？

对X的主观和客观描述有何不同？对X的任何描述都能看作是客观描述吗？

你认为X的主要特征是什么？

你能描述一下X给你的感觉吗？你能描述一下X的内涵吗？你能描述一下和X有关联的事物吗？

你如何描述X的目的/设计/意图/效果/影响？

你如何描述影响X的因素？

你如何描述X与周围环境的关系？

X的正面描述和批判性描述有什么不同？

当考虑到相反的观点时，你如何描述X？

对X的描述在哪里可能是有用的？

为什么有必要描述X？

谁可能从X的描述中获益？他们将从哪些方面获益？

在什么情况下对X的描述可能是有争议的/有用的/重要的/有益的/无用的？为什么？

在描述X之前，你认为什么标准最能佐证你的描述？为什么？

如何才能最好地描述X？为什么这是最好的方法？

4. 解释类问题

你怎么解释X？

你如何向个体A或小组B解释X？

你如何通过写作/舞蹈/戏剧/演讲/符号来解释X？

为了解释X，个体A需要知道什么？

什么时候需要你解释X？

什么时候对X的解释才有用呢？为什么？这告诉我们关于X的什么？

谁能解释X呢？谁会用X的解释呢？他们将如何使用它？

解读X与解释X有什么不同？

为什么X是这样的？

你能告诉我们X有什么功能或用途吗？

你能解释一下为什么这么想吗？

你能给出一个原因吗？其中会有什么原因呢？

你如何解释你的推理/动作/行为/选择？

在什么情况下有必要解释X？

（在Y情况中或者对个体A）解释X最有效的方法是什么呢？

考虑到你已经了解的知识，你应该如何解释新知识X呢？

X会如何影响你的解释？

新信息X似乎与你的解释相矛盾，你如何解释这个问题？考虑到这一点，你如何改进你的解释？

为什么对X会有不同的解释？我们能从中得到/推断出什么？这些解释如何协调？它们的不同/相似之处如何影响我们对X的理解？

如何通过解释X帮助你理解它？

理论Y或者个体A如何能够解释X？

X的影响如何帮助解释它的目的/意义/作用/行为？

你能解释一下发生了什么事吗？为什么会发生这种事？

你如何解释X和Y之间的关系？

在这些解释中，你觉得谁的解释最令人满意？为什么？

X可以帮你解释什么？

你用什么标准来判断X的不同解释？

你如何评价X的解释？

如果你强调不同的因素时，你如何变换X的解释？

当解释X时，语境对X有什么影响？

5.转换类问题

如何通过Y来展示X？

如何用舞蹈/戏剧/诗歌/代数来表达X？

你能画出X吗？

你能画出你对X的理解吗？

你如何用不同的词来解释X？

如何用更简单的术语来解释X？

个体A和个体B对X的解释有何不同？

如果把今天的学习变成一首短歌，听起来会是什么样子？

总结完关键信息后，你能用俳句的形式表现X吗？

怎么把X转换成Y呢？

如何将你的学习收获传达给听众Y？

如果把X转换成形式Y，会发生什么变化？

如果把X转换成形式Y，X的哪些方面仍然是最明显的？这告诉我们X有什么特点？Y有什么特点？

有谁会认为为了更好地理解X，有必要将之转化为其他形式？为什么？

如果我们将X转换成形式Y，那么可能会凸显X的哪些基本特性？

何时何地将X转换成另外一种形式会是有用的？

为什么把X转换成另外一种形式能帮助你理解呢？

为什么把X转换成另外一种形式会很困难？

为了把X转换成形式Y，可能需要经历什么？

你如何用你在数学/科学/法语（或任何其他学科）中学到的知识来转换X？

关于你学习的方程式应该是什么样的？

如何转换X使它对外星人/动物/植物有意义？

你怎么知道转化是有意义的呢？转化材料时，你需要做哪些假设？

为什么?

当你把X转换成形式Y时,你对X的理解会发生什么变化?这告诉我们关于X、关于形式Y以及我们的理解力什么样的信息?

假设个体A失去了Z感觉,为了让A能理解X,你怎么解释X?

想象一下,如果遇到了一群无法用语言交流的人,你如何向他们解释X?

如何把你所学到的东西转换成适合听众Y的形式?你可能会选择什么样的形式?为什么你认为这是合适的?

你如何用手势来解释X?

第7章

CHAPTER SEVEN

即拿即用的
应用型问题

1. 应用类问题

如何用X来处理情况Y？

X在什么情况下适用？

X在何时/何地适用？

X有什么用途呢？

两个人都用X，会有什么不同？

环境的变化会如何影响X的应用？

个体A的动机或意图如何影响X的应用？

你如何决定X是否可以被应用于各种情况？

怎么用X来解决问题Y呢？

如果X改变了，它还能适用于Y/情境Y吗？

团体或个人如何使用X来改善他们的处境？

你如何改变X以改变它的用途？你的更改可能会导致哪些意想不到

的后果？

在什么情况下应用X而不是Y（或应用Y而不是X）？

你能制定一套规则来解释什么时候使用X是合适的吗？

你如何在日常生活中使用X？

X可能有什么用途？

假设X中的元素Z发生变化，这会如何影响X的使用？

在保持用途不变的前提下，X在多大程度上可以被改变？从中我们可以得出关于X的什么信息？这说明X的结构和它的应用之间的关系是什么？

将X应用于Y/情境Y的意义是什么？

X能否被应用于原本不使用或者传统上不使用它的情况中去？这可能会产生什么样的结果呢？

为什么能够把X应用到Y上？

你能做一个表概括一下可以应用X的情况以及不能应用X的情况吗？从这个表格中，你能得出关于X及其用途的什么结论？

可能存在不适用X的情况吗？这些情况有什么共同点？如果是，这告诉我们关于X的什么信息？

假设有人从未使用过X，你能否提供指导，解释如何、何时、何地使用X以及为什么要使用X？

为了有效地使用X，你需要知道多少关于X的知识？

了解更多关于X的知识会如何改变你使用它的方式？

你能想到X曾经有用，但现在没用的情况吗？

2. 概述类问题

你能说出X的梗概/画出X的草图吗？

如果要概括X，哪个部分是最重要的？

X的大致轮廓是什么样的？

如何简述X的不同之处？

你能分别简述X的各个部分，从而展示出X的总体是什么样的吗？

一个X的梗概/草图会漏掉关于X的什么信息？这种情况很常见吗？为什么？

受众的需求会对X的梗概产生怎样的影响？

假设你被要求在X的梗概/草图中加进去元素Y，这将如何改变X？这会对你最初的设计产生怎样的启发？

个体A和个体B对X的概括/速写有何不同？

一个梗概/一张草图能表现出概述者对X的信念/感受/想法吗？如何来证明？

假设你要概括出一个关于X的大纲/画出一个关于X的略图，你会选择什么作为大纲/略图中最重要的内容？

对X的简要描述与总体大纲有何不同？

在概括X的大纲/画X的略图时，可能会遇到哪些限制？你如何克服这些限制？

X的口头和书面概述有什么不同？

简单地说，X是什么？它的工作原理是什么？

你如何确保X的大纲/略图的准确度？

你能否简单介绍一下X，并解释一下你认为哪些部分值得进一步思考？

关于X的概述能给我们/受众/你自己带来什么好处？

关于X的概述会给我们/受众/你自己造成什么困难？

你如何概述X的主要特征？

关于X的书面概述和X的口头概述在重点或内容上有何不同？

什么时候X的大纲/略图最有用？

为什么对X的简要描述可能比完整的解释更好呢？

我们如何判断X的大纲/略图是否正确？会出现某些部分是正确的，但总体来说是错误的情况吗？

当处理X的梗概时，（与处理细节相比）我们需要注意什么？

X的梗概/略图是如何导致误解的？这些误解可能是什么？你如何确保X的梗概/略图清晰准确？

个体A、B和C对X的简要叙述如何保持一致？我们是否应让它们一致？为什么？

3. 选择类问题

哪个选项最适合个体A？为什么？

哪个项目/工具/概念/想法最适合这项任务？

如何从选项集X中进行选择呢？

你用什么标准来决定X？

如果使用不同的标准，你对X的选择可能会有什么不同？

你会给人们什么样的指导来帮助他们在情况Y中做出选择？

在情况Y中哪个选项最好？为什么？情况的变化会如何影响这个选择？

如何成功完成项目X？

你以前学过的哪些知识对你目前最有用？

根据理论N，在X/Y/Z的情况下你会做出什么选择？

你会选择M理论还是N理论来解释X/Y/Z的情况？你选择的原因是什么？

动机/情感/理性/竞争要求/道德/机会成本会怎样影响你的选择？

你的选择会让你放弃什么？

你的选择什么时候会受到质疑？

如果你的选择受到质疑，你将如何解释？

你如何为自己的选择辩护？

什么原因让你改变了你的选择？

情况Y中X的最佳形式是什么？

哪个选项可能最合适？为什么？这取决于什么？时间/空间/思想/人/文化的变化会对决定产生怎样的影响？

其他人会给出什么理由来反对你的选择？

你如何向不熟悉情况或者材料的人解释你的选择，以及背后的原因/方法？

如何通过学习帮助我们在X和Y之间做出选择？

为了作出决定，你会用什么理由来解释情况X？

在情况X中，为什么个体A和B会做出不同的选择？

两个人拥有的知识相同，为什么做出的决定却不同？

在情况X中，你会如何决定？

有什么绝佳的机会，让你来展示你的知识/技能/理解？

在情况X中，个体A做了选择，我们如何来解释个体A的选择？

谁会选择X选项？为什么？

4. 展示类问题

如何展示X？

你如何向别人展示你对X的理解？

在情况Y中，你如何展示你对X的理解？

你如何展示关于X的规则/理论/概念/想法？

为了展示X，你需要了解哪些知识？

你能给我展示一下怎么用X吗？

你如何通过戏剧/模仿/面部表情/声音来展示X？

如何向别人证明X是正确的呢？

如何证明X是真的呢？

当你展示X时，观众Y或者背景Z会对你产生什么样的影响？

X展示了哪些特性？

你如何展示你今天所学到的东西？

为什么/什么时候/什么地方会需要展示你对X的理解？

你会如何利用今天学习的内容？

你如何把你所学到的东西运用到实际中去呢？

如果他人对你进行评估，你如何展示你所掌握的知识和你对知识的理解？

在情况X中，你能展示什么技能/知识？

如果关于X的情况/关系/想法改变了，你将如何表明你已经理解了这些变化的意义？

在Y已知的情况下，如何证明它对X的影响？

在情况/片段X中，个体A展示了什么技能？这些信息告诉我们什么？

X的存在说明了什么？

个体A的行为/工作/言语可能展示出了什么？

当你展示X时，怎么样将展示过程加以分解？（例如，先拔掉水壶的插头，然后往里面注水，再插上插头，打开开关……）

最有效地展示X的方法是什么？你的理由是什么？不同的观众会对你的展示产生怎样的影响？不同的沟通方法/手段，会对你的展示产生怎样的影响？

在展示X时，你希望个体A展示/考虑/阐明什么？

对你来说，个体A做出怎样的论证才算得上是好的论证？为什么？

谁最有能力论证X？为什么？你如何缩小他人和自己的能力的差距？他们的能力说明了X有怎样的特质？

你如何证明X和Y之间的联系？

是否有一些事情是你无法论证的？如果是，它们是什么？为什么你无法论证它们？如果不是，这对于我们理解人类及其交流方式有什么启示？

5. 解决类问题

你如何解决X？

个体A怎么解X呢？

为了解决X，你可能会用到/需要什么？

如何用今天所学的知识来解决X？

Y是如何帮助你解决X的？

要解决X还需要什么呢？你是怎样得出这个结论的/为什么会得出这个结论？

我们怎样才能解决这个问题？解决这个问题后，会出现什么结果？它们与解决问题的方法有什么关系？

X的答案/解释是什么？

你会如何解决X？你为什么要选择这种方法？还有其他选择吗？这些与你最初的想法有什么不同？

什么可以用来解释X？

如何处理X？为什么这是最好的方法？

要解决X需要什么呢？

在什么情况下，或者对谁而言，可能需要解决X？这告诉我们X的性质是什么？

个人/团体解决X的动机是什么？

你如何用推理来解决/解释X？

你怎么解决情况X？它会与实际发生的情况有所不同吗？如果是这样，为什么？如果不是，为什么？

解决X有什么不同的方法？它们的优点和局限性是什么？接下来，你会选择哪个方法来解决X？为什么？

谁能解决X？为什么？

认真思考完我们的问题之后，你能用什么来解决它？

你如何找到X的答案？

今天学习的东西能让我们解决/解释什么？

如何使用X、Y和Z来解决这个问题？

从表面上看，X似乎是一个谜，你会如何解开它？

有什么线索可以得出X的解决方法？

我们在哪里可以找到X的解决方法？

如果明年你跟下一级的学生提出今天同样的问题，你会有什么建议来解决这些问题？你为什么会给出这个建议？这与你自己的学习有何联系？

如果问题的X部分发生了变化，这将如何影响你的解决方案？

为了解决这个问题，你可能会运用什么方法？

X的解决方法可能与什么相联系？为什么？

第8章

CHAPTER EIGHT

即拿即用的
分析型问题

1. 比较类问题

如何使X更像Y？

X和Y有什么不同？

是什么导致了X和Y的不同？

为什么随着时间的推移，X和Y会发生不同的变化？

我们如何区分X和Y？

我们怎样才能证明X和Y是不同的/相似的？

为什么X和Y不同？

我们能证明X不同于Y吗？如何证明？

如果X和Y变得更加相似/不太相似/更加不相似，会发生什么？

我们如何将X和Y归为一类？我们如何将X和Y分开归类？

Y拥有X的哪些元素（X拥有Y的哪些元素）？是什么让它们变得不

同呢？

什么类比可以同时适用于X和Y？

X比Y可以被比作什么比什么？你能通过推理来证明吗？

Z与X的关系和Z与Y的关系有什么不同点？为什么？

Z与X的关系和Z与Y的关系有什么相同点？

你要用怎样的方式告诉受众X和Y的相同点和不同点？

什么事件可能影响X却不影响Y？

构成X的元素和构成Y的元素有什么不同？

X和Y的原型相比较，有什么相同点？

X如何在N步内变成Y？

什么条件对X或Y有利，而对另一个不利？为什么？

哪里可以找到X而不能找到Y？为什么？

X和Y在什么地方都可以得到发展？为什么？

X和Y的用户可能有什么不同？

X和Y有什么共同点吗？如果有的话，它们是什么？它们为什么有共同点？

X和Y之间有什么关系？

没有Y的世界和没有X的世界有何不同？

X对人类事务的重要性与Y有何不同？

人们对X和Y的参与度有何不同？

X和Y相似/不同的原因是什么？

你能概括一下X和Y的相同点和不同点吗？

2.检查类问题

你计划如何对X进行全面检查？

在检查X之前，你能预测会有哪些发现吗？预测的依据是什么？

你可能用什么工具或概念来检查X？

在检查X时，你觉得哪些工具/概念最有用？为什么？

当你检查X时，你会试图回答什么问题？

在有关X的检查中，你会选用哪些问题？为什么？

你对问题的选择会对你对X的检查产生怎样的影响？

如何将X分解成可控制的部分以供检查？当你这样做的时候，你需要考虑什么？将X分成几部分加以检查，有什么好处和缺点？

对X的两种检查有什么不同？

对X进行检查的最佳地点在哪里？

环境会如何影响你对X的检查？

谁以前可能检查过X，他们的发现对我们有何帮助（或阻碍）？

你为什么要检查X？

独立检查X或者与他人一起检查X分别有什么好处？可能会有什么潜在的问题？

什么标准可以用来检查X？你如何选择这些标准？如何应用它们呢？这一切会产生什么影响呢？

对X的检查能揭示它的真实性质或状况吗？如果能的话，怎么做？为什么？如果不能，为什么不能？

检查X得到的结果会对你的观点产生怎样的影响？

X的性质或条件会随时间而改变吗？

X的意义或目的是什么？

对X的检查可能会得出什么结论？你如何确定这些信息是否真实/有效/可靠？

关于X，不同的检验会产生怎样不同的结果？这告诉我们关于X的什么信息？

在你对X的考查中，是否发现了某些隐含的信息？需要你通过判断或推测才能找到吗？如果是，这些隐含信息是什么？如果不是，浅层次的检查能告诉我们X的真实性质或状况吗？为什么？

如果一项检查受到动机Y的影响，你会如何展开这项检查？了解了这一点之后，你如何做出更客观的判断？

你的检查对X有什么影响？

对X进行检查会如何影响你对它的理解？

3. 分析类问题

你如何分析X？

你能对X进行分析吗？

你能在分析X时特别关注元素Y以及其影响吗？

X会如何影响Y？

X的结构是什么？

怎样分析X的结构？

我们如何分析组成X的部分呢？

什么（元素）位于X的中心？

X的功能/意义/结构背后有什么（因素）?

X是什么意思？是什么让你得出这个结论的？

从对X的分析中我们可以得出什么结论？

我们如何对X进行分析？

通过对X进行分析，你希望得到什么？

对X的各种分析有什么不同？这对我们自己的分析有什么启发？这对我们得出关于X的信息有什么影响？

通过比较X的不同分析结果，我们可以学到什么？

在分析X时，哪些过程/工具/概念/想法可能有用？为什么？

我们应该用什么方法来分析X？为什么？我们如何判断我们的方法是否成功？如果失败了，我们该怎么办？

X的中心/重点/关键是什么？什么对X来说不是特别重要？

X怎么用？X有什么用途？

谁？什么？在哪里？什么时候？为什么？如何？

X想要传达什么？

动机/偏见如何影响X？

个体A的动机是什么？

个体A是如何被引导以这种方式行事的？

你为什么那样做？

X背后的原因是什么？

X是怎么变成现在这个样子的？

X的组成部分有哪些？

个体/团体A的意图如何引起X/情况X的发展变化？还有什么可能引起了它的发展变化？

是什么让X变成这样？

什么从内部影响X？什么从外部影响X？X对其他事物有什么影响？

X的性质是什么？你有什么证据来支持这个观点？

4. 提问类问题

为什么是X？为什么是X而不是Y？

为什么X可能存在？如果X不存在，会发生什么？

为什么有人会问关于X的问题？

关于X，我们可以问什么问题？为什么会问这些问题？

我们提关于X的问题时，应该抱着什么样的目的？

一个人的动机/偏见/意图会如何影响其关于X的提问？

基于你自己的目标/动机/目的，关于X，你会问什么问题？

你计划如何对X进行提问？

关于X，你会做出怎样的假设以补充你最初的提问？

我们如何通过问问题来达到某个结果？这能给我们在问题的使用方面带来什么样的启发？我们如何利用这些信息来为将来的提问做准备呢？

个体A和个体B问的问题会有什么不同？为什么？从中能得到他们之间的相同点和不同点吗？

在分析X时，开放式问题和封闭式问题，哪个会对我们更有帮助？

为什么?

如果X是我们认识的人,而不是一个小组/想法/对象等,他/她可以回复我们的提问,那么我们的问题会发生什么变化?

不同的情况会如何影响你对X提出的问题,或对你得到的答案产生怎样的影响?

关于X,我们可以问哪些客观的问题,哪些主观的问题?这些问题有何相似或不同之处?问这两种类型的问题有什么作用?如果我们偏爱使用其中的某一种类型而不用另一种,我们所做的分析会有什么不同呢?

构成你分析框架的首要问题是什么?为什么?用这样的一个问题开始有什么利与弊?

根据我们对X的发现,你如何设计一组问题,让其他人也可以得出类似的结论?

你能用你所知道的关于X的知识,提出一组问题,帮助其他人分析和了解X吗?

要了解新信息Y,我们需要对X提出什么问题?

你的问题基于什么假设?个体A的问题基于什么假设?

关于X,有什么问题是无法回答的吗?如果有,为什么无法回答呢?你认为将来这些问题能否被解答?

关于你提出的问题的答案的效度/信度/普遍度有多高?为什么?你如何提高它们的效度/信度/普遍度?

在什么情况下,提出和回答关于X的问题可能会比较困难?

5. 调查类问题

我们如何调查出X的本质？

我们如何调查出个体A说的是正确的还是错误的？

为什么调查X是有用的？

在什么情况下有必要调查X？为什么有必要调查X？

人们调查X的动机是什么？

对X的调查如何能够有秩序、有组织地进行？

对X的调查与我们的学习有什么关系？

你用什么来构建对X的调查？

对X和Y的调查有什么不同？

你对X的调查是否会受到时间、地点和背景的影响？

对概念的研究与对具体事物的研究有何不同？

你用什么来研究X？

调查X的好处是什么？

在调查X时，你可能不被允许做什么或使用什么？

你在调查X时可能会遇到什么问题？

在计划如何调查X时，你认为必须克服哪些困难？

X的性质对关于它的调查会产生怎样的影响？

要想成功地调查X，需要做什么？

你希望通过调查X得到什么？

不同的调查方法会对你的发现产生怎样的影响？

什么假设可以支持你对X的调查？

你用什么标准来指导你的调查？为什么？你能用这些来判断你的结果吗？为什么能？为什么不能？

在调查X时，你会遵循什么原则？为什么？

你想通过调查X来回答什么问题？

你如何核实调查X时得到的结果的信度/效度？

如果在你调查的时候，X发生了变化，你会如何处理？

有关X和Y的研究有哪些相同点和不同点？

如何判断你的调查是否成功？

在哪里调查X最容易？在哪里调查X最难？在哪里调查X最有效？

第9章

CHAPTER NINE

即拿即用的
综合型问题

1. 创造类问题

X是如何产生的？

你如何创作关于X的图像/戏剧/故事/诗歌？

关于X的图像/戏剧/故事/诗歌会是什么样的？

你能在X和Y之间建立联系吗？

你能在X、Y和Z之间建立联系吗？

创作X需要什么条件？为什么？需要多个条件吗？如果是的话，什么能将这些条件联系在一起？

关于X的起源，你能说出哪些不同的故事？它们有什么不同？为什么会有不同？在解释X的起源的所有故事中，有没有某些东西是共同的？为什么？

X可以帮助创造什么？

你能用X创造什么？

如何使用X创造Y/新东西？

创造X可能需要什么条件？为什么？

如果你改变条件Y，X还会被创造出来吗？

X的诞生是否抑制了其他事物的诞生？那些事物会是怎样的？如果是这些事物，而不是X，首先被创造出来，世界会有什么不同呢？

你会如何解决问题X？

你能为问题X提供什么解决方案？

你能为Y创造X吗？（例如，英国的宪法应该是什么样的？或者，你能为英国（Y）制定一部宪法（X）吗？）

创造X的动机是什么？

你能创造一个新的/更好的/更精简的/更有效的/限制更少的X吗？

你能解释一下你创作背后的想法吗？

创造X有什么后果？

你能给问题X创造一个答案吗？

创造X可能涉及哪些过程？这些过程如何相互作用？为了创造X，它们之间的哪些关联是必要的？

创造X需要特定的条件吗？

创造X是否总是会产生特定的影响？

X的创造是因果关系的产物吗？能够用间接原因来解释X的产生吗？

你能创造一个X风格的图片/故事/实验吗？

为了创造某物，你需要知道什么？

2. 设计类问题

X是如何被设计出来的?

X可能有什么其他的设计?

X的替代品会是什么样子的?

你如何设计出X或者 X的替代版本?

你能设计出问题X的解决方案吗?

X的解决方案是什么? 你怎么把它应用到实践中去?

在设计X的解决方案时, 你可能会遇到什么困难?

X和Y的设计有什么不同?

为了给X做出可行的设计方案, 可能需要哪些约束条件?

在设计X时, 需要考虑哪些因素?

你应该如何决定设计要求中的哪些需求应被优先考虑?

你能够考虑到利益/想法/需求, 从而设计出一个有竞争力的X吗?

如果情况发生变化, 你会如何应对?

针对情况A, 个体A和个体B会给出怎样不同的回答?

在你设计X问题的解决方案时, Y因素对你的设计有什么影响?

为什么X会被设计成这样?

什么影响了X的设计? 为什么?

你认为X的设计师们有什么目的或意图?

X的设计带来了什么意想不到的后果? 这告诉我们什么? 该如何使用这个设计?

你如何设计X, 使它在未来不被淘汰?

对X进行检查，根据你的发现，阐释它是如何设计的。为什么你认为是这样设计的？

如何设计X使它成为开放的而不是封闭的？

如何重新设计X？

什么样的信息对X的设计最有帮助？该如何获得这些信息？这些信息会如何影响这个设计？

X的设计构想和成品有什么不同吗？为什么？

设计某样东西时，最好的方法是什么？按照流程设计有什么好处？有什么缺点？

对X的众多设计，有什么相同和不同之处？

3. 建议类问题

你对情况X有什么建议？

你对情况X有什么解决办法？为什么？

你对修改X有什么建议？

如何改变X？

我们怎么处理情况X呢？

个体A和个体B在情况X中会提出什么想法？为什么？

你用什么来提出你的建议？

你打算如何解释你的决定？

解释个体A的行为的最好方式是什么？

为什么个体A会这样做？你认为A的行为动机或原因是什么？

什么理论可以解释X? 什么理论可以解释X、Y和Z?

你能提出一个现成的替代方案吗?

结合我们的讨论, 你有什么建议?

基于你的知识和理解, 你建议我们做什么?

我们如何维持/分析/批评/规避/挑战/描述/推断X?

你对情况X有什么计划? 你打算怎么做?

为什么X是这样的, 你有什么看法?

是什么原因导致了X? 如何? 为什么?

谁可能对X负责? 为什么?

个体A有什么感觉? 是什么引起了这种感觉?

个体A对X有什么反应? 为什么X会引起这种反应?

如何改进X?

对X的更改会使你对自己的提议做出怎样的更改?

什么因素影响了你的建议? 如果这些因素都有了改变, 你的建议会如何改变?

怎么解决问题X呢? 还有其他的办法吗?

对想法和计划的建议有什么不同?

用计划或想法来解决问题X, 哪一个会更好? 为什么?

如果X的Y方面发生变化, 这对你的建议有什么影响? X的哪些方面对你的建议更重要?

为什么你的建议行得通? 为什么会失败? 为什么你的建议能解决这个问题? 为什么不能解决这个问题?

如何改进你的建议?

为什么你认为你的建议会成功？你有什么证据/例子/理由来支持你的观点？

4. 构建类问题

什么理论可以解释这些信息/发现/数据？

你如何从Y中得到理论X？

你如何构建论据来支持你的观点？

你能提出一个论据来支持你的观点吗？

你能定义X吗？

你如何把X、Y和Z结合起来形成一个理论？

你能建立一个包含X的新理论吗？

用这些概念，你能构建出什么？

这些概念如何帮助我们构建一个解释X的模型或理论？

我们如何利用所学到的概念来构建X理论呢？

个体A如何利用观察/数据来构建理论？你同意该理论吗？为什么？

哪些关系和概念对X理论很重要？

把X和Y联系起来的理论/想法是什么样的？

比较一下试图解释X、Y和Z的理论，它们的优缺点各是什么呢？

我们如何解释这些数据/观察结果？

一个人如何为X进行辩护？

一个人如何构建对X的攻击/批评？

我们怎么解释X呢？

个体A如何才能将X纳入到理论构建中？

能否建立一个理论来挑战X/支持论据/为进一步调查提供指导？

为什么能够构建X理论？为什么不能构建X理论？

在什么时候/什么地方构建关于X的理论可能有用？

你可以用什么来构建关于X的理论？

当你试图构建X的理论时，可能会遇到什么困难？

你能用数据/知识构建出X的答案吗？

我们可以为我们的答案构建什么基础？

你会用什么来构建X的答案？

个体A和B如何构建关于X的不同理论？

X理论的依据是什么？如何证明X理论是错误的？

什么时候以及怎样构建X的替代品？人们会怎么做？怎样才能使这个替代品有效呢？

如何用X、Y和/或Z来构建论据？

5. 假设类问题

你怎么解释X？

什么可以用来解释X？这种解释合理吗？为什么？

谁能解释X呢？为什么？

如果X改变了，会发生什么？如果X被方式Y改变，会发生什么？如果X被个体A改变了，会发生什么？

如果X和Y放在一起会发生什么？

什么样的假设与事实相符？用什么假设来解释X？

在情况X下，会发生什么？你为什么会做出这样的假设？

你能想出一个能够解释X、Y和Z的假设吗？

为什么X是这样的？

如何改进X？为什么你的建议可以改进它？

是什么让X变得更好或者更糟？为什么？

你怎么解释X？在了解了新信息Y之后，你对X的假设会如何改变？

如何检验关于X的假设呢？

X为何会不一样呢？

为什么X会不同？在什么地方不同？

谁会想解释X？为什么？

怎么解释X呢？如何用Y来解释X？个体A如何解释X？

实现X的最佳行动方案是什么？为什么？

你的假设基于什么设想？

你的假设会如何影响你对X的看法？

为什么会有人试图篡改你的假设呢？

动机的改变如何影响你的假设？

有多少种假设可以解释X？这告诉我们关于X的什么信息？这告诉我们该如何提出假设？

关于X的假设，你认为哪个最有可能被证明是正确的？为什么？

如何简化你的假设呢？

你需要什么信息来证明或反驳你的假设？

哪些信息可能会使你改变假设？为什么？你会做出什么改变？

如何建立一个假设来解释X?

X假设在任何情况下都成立吗？你要如何检验？

为什么有人会同意或不同意你关于X的假设？

你如何检验你的假设？

第10章
CHAPTER TEN

即拿即用的
评估型问题

1. 评估类问题

我们应该如何评估X呢?

你能对X做什么评估?

X表现出Y行为的可能性是多少?

如何改进X?为什么?这将带来什么好处?为谁带来好处?

在Y环境中,X有多重要?

X的值是多少?在不同的情况下X的值会发生什么变化?

什么样的内部变化会改变X的值?

什么样的外部变化会改变X的值?

什么时候X对个体A的价值最大?

在什么情况下X是有效的或可靠的?

我们如何评估X的效度或信度?

你可以用什么标准来评估X?为什么?不同的标准如何导致不同的

评估?

你如何根据Y或Z来评估X呢?

个体A和B对X的评估有何不同?

能否制定一套统一的标准来评估X, 从而使任何人都可以评估它?
为什么?

我们如何评估X是否可以归入Y类?

为了更有把握地评估X, 我们需要知道什么?

X是什么? 你如何知道? 是什么让你做出这样的评估?

我们如何评估X对Y的影响?

X成功/失败的几率有多大? 如何提高或降低这些几率?

X的优势大于其他吗? 为什么?

如果你可以重新创建X, 你的做法跟之前有何不同? 如果没有改
变, 这说明X是成功的, X成功的原因是什么?

X最重要的方面是什么? 为什么?

为什么个体A和B会对X有不同的看法?

为什么X会存在?

X的目的是什么?

根据你对世界的了解, X或者X的使用方式, 在未来会发生怎样的
变化? 为什么?

什么情况最有利于X的成功?

X具备哪些特质使其能够在情况Y中蓬勃发展/成功?

2. 论证类问题

你能提出什么论据支持X？

你能提出什么论据反驳X？

为了使X成立，人们可能已经提出了哪些论点？

为了使X不成立，人们可能已经提出了哪些论点？

谁或什么会支持X？为什么？

谁或什么会反对X？为什么？

支持X的论点和反对X的论点分别是从哪些方面进行论述的？两者是否有共同之处？它们的假设相同吗？或者，它们的假设不同吗？这些论点有什么含义？

论据X依赖的假设是什么？

提出论据X的人有什么动机？

你如何才能反驳反对X的论据呢？

我们如何检验论据X？

我们如何证明论据X是错误的？

个体A的动机可能会使其提出关于X的什么论据？

为了成功地支持或反对X，你需要知道什么？

你怎么才能支持你关于X的主张呢？

什么样的证据、例子或理由可以用来支持X？

论据X的优点和缺点是什么？为什么会这样？总体来说，这能告诉我们什么？

为什么论据X很有说服力？

　　为什么个人或团体会同意X是有效的？我们能从中得知这些个体或团体的什么特点？能否知道那些提出论据X的人的动机是什么？

　　在什么情况下可以证明X是成功的？为什么？

　　你如何支持你刚才所说的观点？

　　为什么这些证据可以支持这个论点？

　　论点X的推理依据是什么？

　　要建立关于X的论点，需要经过哪几个步骤？

　　论点X激起了什么样的情感或者有什么意义？

　　如果前提改变了，这将如何影响你的论点？

　　有什么新的证据可以反驳论点X？

　　你如何在情况Y中保持你的立场？

3. 辩护类问题

　　你如何为X辩护？

　　谁会为X辩护？

　　一个人如何证明自己的意见/信仰/建议是正确的呢？为什么要为之辩护呢？是什么促使某人为X辩护？什么因素可能影响某人为X辩护的决定？什么会影响他们为X辩护的方式？

　　什么时候你可以为X做合理辩护？什么变化会导致为X的辩护不再合理？

　　什么时候，或者为什么，某人可能无法为X做合理辩护？

　　如何使用证据或推理来支持你的论证？

你认为X为真的正当理由是什么？

在论据X面前，你如何解释你的立场？你如何向个体A或B阐释你的论据？

论据X是否会影响你对Y立场的辩护？

考虑到这些说法的优缺点，你认为在目前的情况下，哪一种说法是最合理的？

你如何评估为立场X所做出的辩护？

你如何对改变或维持现状做辩护？

什么时候使用X是正当的？

在什么情况下使用X是合理的？

在什么情况下你会试图证明X是正确的？

你如何证明X是正确的或合理的？

有什么证据证明X是合理的？你能提供证据证明X的合理性吗？如何做？

用什么支持你的辩护？用什么支持个体A的辩护？

你能通过分析个体A论证的逻辑/演绎/语义/理论基础，来批判A的论证吗？

个体A是如何为自己的推理/立场/行为辩护的？

个体A在为自己的立场辩护时，向什么或向谁提出申诉？

X的感性辩护和理性辩护有何不同？

不使用语言/特定的词语/手势/经验证据/逻辑，你如何为X辩护？

宗教辩护和科学辩护/历史辩护和哲学辩护/社会辩护和文化辩护有什么不同？

什么样的假设是X成功辩护的基础？

为X辩护的伦理/政治/社会/理论后果可能是什么？

个体A如何为个体B或团体C的行为辩解？他们为什么要这么做？

个体A如何说服别人自己的辩护是正确的？

我们如何检验你对X的辩护是否正确？

4. 判断类问题

你对X有什么看法？为什么？是什么使你产生这种看法的？什么假设支撑了你的看法？X/先入之见/之前的知识对你的观点产生了怎样的影响？

在情况Z中，X或Y会更好/更合适/更有用吗？

我们怎么判断X？

个体A如何判断X？A的判断与B的判断有何不同？

环境如何影响一个人对X的判断？

谁可能需要/要求/希望来判断X？

我们可以对X做什么判断？

根据这些标准，你对X有什么看法？为什么？

你可以用什么标准来判断X？

你对X有什么看法？你的判断依据是什么？

什么使判断X成为可能？根据不同的假设/要求/想法是否可以对X做出不同的判断？

什么类型的判断在情况X中最有用？为什么？

了解了新的信息Y之后，你对X的看法改变了吗？为什么？

你对X有什么看法？是否有动机/原则/直觉/理由来指导你的判断？如果是，为什么这些很重要？这些对X的分析很重要吗？

对个体A/情况B而言，X有什么价值？

你对X有什么看法？

为什么X比Y好？为什么Y比X好？在你看来，哪个更好？为什么？这种情况会一直持续下去吗？

在情况X中/对团体Y而言，这些想法哪个更好？

X有效吗？你是如何得出这个结论的？我们如何判断X的有效性？这对我们理解X有什么影响？

关于X，什么是好的/坏的/有用的/无用的？为什么？

听了所有的证据，你对X有什么看法？你的看法和证据之间是如何关联的？这些证据能够构建/支持/否定你的看法吗？

在你看来，X应该如何改进/修改或是重新制作？是什么使你做出这样的判断？当你的想法更清晰后，你的观点会改变吗？为什么？

X还是Y？选择的理由是什么？支撑这些理由的是什么？概念在你的思维中起什么作用？如果要考虑到你的概念的有效性，这会让你改变原来的观点吗？为什么？

X合理吗？为什么？

你如何形成自己的观点？什么样的概念或过程可能会影响你的思维？

在什么时候或者什么地方，某人对X的判断可能会改变？

当你对X做出判断时，你会优先考虑哪个标准？

5. 批评类问题

你如何批判X？

你能给我们写一篇关于X的评论文章吗？

如何批判性地评价X？

人们对X有什么批评？

某人会怎么批评X呢？

X的优点和缺点是什么？

运用批判性思维，你对X做出的最终评判是什么？

个体A如何批判X？这与你的批判有何不同？你如何解释这种差异？

某人的动机/目的/目标和对X的批评之间可能有什么关系？

人们如何利用对X的批判？你如何利用别人对X的批判？

当批评某事时，人们遵循什么规则？规则是否会因批评对象而改变？

X会产生什么问题？X可能会带来什么问题？X怎么会成为问题？

X会造成什么困难？

X可能有哪些缺点或问题？

X有哪些用处？为什么？

X在情况Y中有什么用？为什么？

X有什么局限性？

造成X局限性的原因是什么？

X的优点和缺点/优势和弱势是什么？

在分析了X的优点和缺点之后，你有什么看法？

个体A会对X提出什么样的批评？

某人会如何用Y来批判X?

批判X的依据是什么?

为了使你对X的批判有效，你需要知道或理解什么?

你对X的批评是以什么为标准的？这会对你关于该事件的看法产生怎样的影响?

你用什么来批判X?

对X的批判意味着什么?

基于什么理由我们可以没有顾忌地对X进行批判?

为什么很难去批评X？如果有的话，我们怎样才能成功地批判X?

为什么很难去批评某些事物？个体如何或为什么会极力去批判X?

为什么要批评X呢?

第11章

CHAPTER ELEVEN

不同科目相关的
哲学问题

下面的问题涵盖了学校开设课程的主要领域。它们是哲学问题，也就是说，这些问题是关于概念、范畴和宏观想法的。你可以用这些问题来拓展和挑战学生的思维。

1. 艺术类问题

什么是艺术？

我们能定义艺术吗？

艺术能被充分解释吗？

人们如何做出审美判断？

一件艺术品被描述为"好"或"坏"，对这件艺术品而言，意味着什么？

我们对艺术的判断是以什么为基础的？

艺术能被判断吗？

对艺术的回应包括哪些方面？

美学是否有一个终极（可发现的）标准？

所有的艺术判断都与文化相关吗？

对艺术的判断可以通过学习获得吗？如果可以，或不可以，会出现什么结果？

情感在一个人的艺术体验中扮演着什么角色？

艺术需要被"体验"吗？如果需要，这意味着什么？如果不需要，为什么？

艺术从何而来？

所有的审美判断最终都是个体情感的表达吗？

形式比内容更重要吗？

形式和内容如何成功地结合？

我们如何判断什么是艺术？我们能知道什么是艺术吗？

艺术能表达或颠覆权力吗？

对一种或多种感官的剥夺是否会导致一种完全不同的艺术概念？

艺术如何与现实相联系？

艺术是现实的延伸，是对现实的描述，还是对现实的反映？或者是别的什么？

一件艺术品是否只有拥有观众才能成为艺术品？这样做的结果是什么？

产权如何影响艺术？

艺术是个人情感的表达还是超越个人情感的表达？

艺术家对社会负有道德责任吗？

社会应该帮助艺术家发展吗?

艺术能表达真理吗?如果能,这个真理的本质是什么?

艺术如何在人们的生活中发挥道德作用?

2. 经济类问题

利己主义是一个好的动机吗?

追求更多的东西,如利润、商品等,会给个人带来满足感吗?

社会财富应该如何分配?

政府应该干预市场吗?

为什么人们应该遵守(国家的、当地的和国际的)政府的规定?

经济学和道德之间有什么关系?

将道德与经济分开是否正确?

市场存在吗?如果存在,如何证明?如果不存在,我们在讨论的是什么?

个人在多大程度上是理性的?

人们了解自己做决定的动机吗?人们了解自己执行某种行为的动机吗?

地球上的资源(例如大气和降雨)也需要明确产权吗?

风俗习惯能决定财产权的合理性吗?如果可以,为什么?如果不能,会带来什么样的后果?

经济学的目标是什么?

企业所有者应优先考虑自身、他人和社会的利益中的哪一个?

对企业而言，企业家、社会、工人和其他人的利益分别是什么？

人们有权利追求他们认为合适的经济机会吗？

政府有什么理由限定公司和个人可以做的事情的范围？

纳税是因为纳税人同意还是因为政府用武力威胁？

文化如何影响经济行为和经济关系？这对经济学的讨论有什么影响？

将经济因素与人们的生活相分离，这符合道德标准吗？

钱是真实存在的吗，还是只是一个骗局？

国家在经济中应该扮演什么角色？

金钱和权力之间有什么关系？

强大的经济需要高度的信任吗？

消费者需对生产商品和提供服务的人负责吗？

贷款是符合道德准则的吗？

我们能依赖商业和经济预测吗？为什么？

3. 公民身份类问题

公民该对那些不如自己幸运的人负有责任吗？

社会存在吗？

你会优先考虑个人、家庭、社区、社会或全世界的利益中的哪一个？这样做的结果是什么？

为什么要坚持人权？

为什么一些人要服从另一些人呢？

对自由和安全的要求能同时得到满足吗？自由和安全哪个更重要？

人们有义务参与政治吗？

什么是政治？

社会权力是如何分配的？

社会权力分配的基础是什么？

"自我"是真实存在的吗？如果存在，它是由什么构成的？如何得知？如果不存在，那么当我们谈论它的时候，我们指的是什么？

身份建立在什么基础上？

除了个人以外，其他事物（例如机构或者国家）如何才能具有身份？

政府做决定时，是否应该考虑让幸福最大化？如果是，为什么？如果不是，其他选择是什么？

如何证明法律（或规章制度）是合理的？根据习惯制定法律合理吗？动用武力执行法律正确吗？按照情理制定的法律具有普适性吗？

国家是否有理由使用武力？杀害公民是否合法？

人权这一理念是否清楚地解释了公民应该如何对待彼此？

通过暴力手段来实现目标是正确的吗？

危害了他人的安全或生计的抗议或活动，可以被接受吗？

民主制度是最好的政体形式吗？

我们对动物/环境/未出生的人负有责任吗？

动物/环境/未出生的人有权利吗？

对正义的呼唤和对他人的关心能达成一致吗？如果能，如何实现？如果不能，应该优先考虑哪一个？为什么？

正义感是与生俱来的，还是通过经验得来的？

怎么样才能称得上是一个"好"的社会?

4. 设计和技术类问题

设计的"好"和"坏"意味着什么?

什么样的设计才可以称得上是一个"好设计"?

我们对同一种东西的特点认识相同吗?(例如,我说的蓝色和你说的蓝色一样吗?)如果相同,可以证明吗?

设计师对社会负有道德责任吗?

设计师在多大程度上对他们所设计的成果负责?(例如,负责宣传的设计师)

当我们说一个设计是"令人愉悦的",这意味着什么?

科技能复制人类经验吗?

科技能拓展人类经验吗?

我们应该不顾潜在的风险一味追求新技术的发展吗?

我们能知道新技术对人类或社会产生的影响吗?

计算机就像人类的大脑吗?

我们如何得知不同材料的属性?

所有的设计都有目的吗?

上帝创造了宇宙吗?

物质的世界像一个大机器吗?为什么?

一个人具备什么品质,才能被称为工匠?

应该保护知识产权吗?为什么?

富有创造力意味着什么？

我们的思维是否受到了技术的限制或被我们所使用的技术改变？

从道德层面上讲，技术是中立的吗？

设计的极限是什么？

设计应该追求实用性还是艺术性？

某件事物是"有用"的，这意味着什么？

我们应该赋予技术价值吗？为什么？

让人类按照设计好的体系发展，或是顺其自然发展，哪个更好？

工匠对材料的了解，会如何影响他对物质世界的理解？

有没有可能不带任何目的地设计事物？

设计师应该优先考虑哪些价值？为什么？

人类生活中，有哪些领域是技术不应该涉足的？（例如基因工程）

5. 戏剧类问题

戏剧会对观看或参与戏剧表演的人的道德和信仰产生负面影响吗？

剧作家或导演是否应该挑战观众的信念？

将艺术作品商业化是否正确？

为了适宜年轻观众观看，戏剧应该被审查吗？

在观众和表演者之间设立界限是正确的吗？

戏剧告诉我们的是事实吗？如果是，那是什么样的事实呢？

在舞台上刻画真实的人物符合道德规范吗？刻画上帝呢？

一个人关于戏剧的经历会如何影响他/她的思维和行为？

戏剧可以用于政治目的吗？

演员了解角色或剧本吗？如果了解，他们具备什么样的知识？

一个熟练的演员应该利用其能力为自己谋私利吗？

表演是撒谎吗？如果不是，那是什么？如果是的话，那么我们应该如何看待撒谎？

评价一场戏"好"，这意味着什么？

戏剧是否有一套固定的评判标准？这些标准是按照特定文化和历史制定的吗？这对演出戏剧的人和戏剧作品本身有什么影响？

戏剧是对现实的反映吗？还是个人（作者、导演、演员、观众）思想的一种表达？

欺骗观众是对的吗？欺骗演员是对的吗？

当谈论戏剧之外的事物（例如日常生活、照片和仪式）时，可以使用戏剧的概念和范畴吗？为什么？

戏剧能揭示出正确的道德观念吗？

戏剧可以用来掩盖或压制真相吗？可以这样做吗？

有没有可能将语言中性化，使其不包含任何戏剧性？

戏剧如何影响人们对现实的体验？

我们观看历史剧时，能摆脱我们的现代概念和范畴吗？

如果说一个复制品忠实于原作是什么意思？

人们可以成功地交流表演经验吗？

戏剧会误导人吗？我们应该让年轻人抵制戏剧吗？

戏剧会让人们远离现实吗？如果会，那会怎样？如果不会，为什么不会？

6. 语言类问题

文学是生活的镜子吗？

当我们说一部小说或一首诗很好时，这意味着什么？

文学作品或诗歌作品的审美标准是什么？

任何对文学或诗歌的审美标准都经得起推敲吗？（这些标准会一直适用吗？）

小说能给我们提供真实的知识吗？

按经验主观地做事有哪些优点和局限性？

文学或诗歌指的什么？是真实世界中的事物，还是仅仅是作者头脑中的事物？

思想在哪里？思想是持续存在的吗？思想构成了我们所经历的现实吗？

语言能够指代外部事物吗？所有的语言都是这样吗？

什么决定一个命题的连贯性/合法性？

为什么某些词语或短语能改变世界？（例如"停！"或"我愿意与你结婚"）

会有私人使用的语言吗？

语言有逻辑基础吗？

词语"好的"或"游戏"是什么意思？我们对语言的理解会导致什么结果？我们对单词的定义会导致什么结果？

语言如何影响我们对现实的体验和理解？

我们所经历的现实是由我们所说的语言决定的吗？对现实的理解

会受到我们所说的语言的限制吗？

文学作品应该受到知识产权保护吗？为什么？

口是心非是错误的吗？

我们是否能知道有的人讲话时是口是心非的？

当我们教授如何使自己的语言更华丽、如何劝服别人时，是否有违背伦理的可能？

作者应该以探究真理为目标吗？为什么？

作者对他们创作的作品/社会/后代负有道德责任吗？

语言是通往真知的障碍吗？语言是认识上帝的障碍吗？

没有语言（或在语言出现之前）会有知识吗？

政治权力是否隐含在话语中？如果是，后果是什么？

语言是中立的吗？

社会是否有道德义务告知年轻人语言会被如何操纵？

应该有审查制度吗？应根据什么建立审查制度？

7. 地理类问题

是否有规划这个世界的人？

我们能证明世界是怎样变成现在这个样子的吗？

关于物理环境，我们能知道并证明些什么？

什么让一个旅游景点令人满意？这是可衡量的吗？有一个客观的标准吗？

游客在度假时是否负有道德责任？当他们在使用资源时，该负有道德责任吗？

世界上很多人都不能去度假，那么假期符合道德规范吗？

人们应该去不尊重人权的国家度假吗？

富人到极度贫困的地方去度假合乎道德吗？

我们对物质世界的认知在多大程度上影响了我们对待物质世界的方式？

地质学能证明上帝不存在吗？

控制人口增长是正确的吗？

环境是否影响人们的日常生活？

什么使某地的风景如此美丽？

有什么对自然美的描述能跨越时间和不同的文化的界限吗？

环境有权利吗？

把自然世界变成财产是对的吗？

社会的发展是否需要个人自由度的增加？

所有国家都应该追求经济增长吗？

经济发达国家有责任帮助经济不发达国家吗？它们是否应该放缓自己的经济发展，以帮助经济不发达国家更快地发展？

政府应该基于什么理由或标准做出经济决策？

政府的经济政策应该受到是非观念的影响吗？如果是这样，谁是对的？谁是错的？

地图上应该有什么？什么应该突出显示？这将如何影响我们对现实的看法？它如何反映我们的道德信仰？

如果我们像使用地图集一样使用知识，例如，为不同的思想领域或思维方式绘制不同的地图，可能会产生什么后果？

所有土地的使用权都是开放的吗？如果是，为什么？如果不是，为什么？什么样的土地的使用权是开放的？

海岸不断受到侵蚀，构造板块永远在移动。这是否意味着我们的地图是不可信的？这是否意味着永远无法绘制出完美的地图？

山的内部是什么样子的？

8. 历史类问题

过去属于谁？

我们对过去了解多少？

关于过去我们有什么知识？我们如何知道这些知识是真实的？

历史学家对社会/研究主题/过去有道德责任吗？

过去是否存在？我们可以用什么方法证明？

历史如何被用于政治目的？历史会被滥用吗？为什么？

说历史被滥用是什么意思？这会让我们对关于真理的信仰产生动摇吗？

历史与神话有什么关系？这如何体现在我们对世界的理解？

能通过历史来培养当代人的道德吗？应该这样做吗？

历史有目的吗？历史是道德问题吗？

历史是艺术还是科学？它是独一无二的吗？

所有对历史的描述都是解读吗？如果不是，这能被证明吗？如果是，那么学习历史的后果是什么？

历史赋予某些群体特权吗？如果是这样，这将带来什么样的政治和伦理后果？

观点是否会随着时间的推移而保持不变，还是会永远与某个特定的时期联系在一起？

我们应该纪念什么？为什么？谁来决定？

个人有义务在谈论过去之前先了解它吗？

历史是确凿的吗？为什么？这个回答会给我们对事实的看法带来怎样的影响？

我们如何判断一个史料的真假？

有没有一种"合适"的方法来研究过去？这在道德方面和政治方面意味着什么？

为了现在而编造过去的历史是正确的吗？

是否应该为了"更大的利益"而去压制过去的某些事情？

政治制度的合法性是否依赖于对其起源的论述及其发展过程的论述？

传统可以作为一个理由吗？

可以把历史比作经验汇集成的河流吗？是否存在一个明显的、可知的"过去的现实"？

有关历史的解释能告诉我们过去的真相吗？过去能够被真实地再现吗？

能否把过去当作依据使某些行动合法化？如果是这样，它能使已经做过的某些事情合法化吗？为什么？

我们能获得不同类型的历史和不同类型的知识吗？

历史学家自身的观念和分类如何影响他们对过去的描述和解读？

在书写历史时，历史学家应该质疑他们所做的选择是否正确吗？

历史有因果关系吗？如何证明呢？

9. 信息通信技术类问题

互联网应该被审查吗？

网络世界里有/应该有财产权吗？

电脑能复制人类的经验吗？

电脑能感知或思考吗？

信息通信技术是否改变了我们对现实和经验的理解或解释？

我们与世界的互动，可以看作是信息的交换吗？

侵入另一台电脑是正确的吗？

传播电脑病毒符合道德规范吗？

政府应该使用电脑来调查民众吗？

从道德层面看，技术是中立的吗？

用电脑生成的东西能符合传统的审美标准吗？

存储在二进制代码中的信息与存储在人的记忆中的东西，采用的方式是否相同？

信息通信技术是否会削弱国家的权力和权威？

以电子形式储存敏感资料是否妥当？

互联网存在吗？如果存在，在哪里？如果不存在，那么我们说的"互联网"指的是什么？

计算机呈现给我们的信息的状态是怎样的？

计算机软件的开发和销售将如何影响我们对世界的体验？

数字信息和模拟信息之间有质的区别吗？如果有，那么只使用其中一种而不使用另一种的人会造成什么后果？

用电脑代替人工作，符合道德规范吗？

谁拥有互联网的决定权？

电脑及附属材料的生产是否应该走可持续发展道路？

电脑游戏中有一些违反道德的行为，这是不道德的吗？

机器人有可能被归为人类吗？

是否应该允许政府拥有查看私人电子邮件的权限？

某些计算机部件的开发可能会损害人权和人们的利益，消费者是否应该关注这些危害并积极地采取行动呢？

计算机创建的模型能让我们看到未来社会的样子吗？

通过信息通信技术获得的知识有哪些局限性？

10. 数学类问题

零指的是什么？

"没有"存在吗？

人们能够不依赖经验，独立地理解数学定律吗？

可以把人抽象成数字吗？

社会是否有责任告诉人们统计结果的效度和信度？

任何统计方法都称得上是客观的吗？

鉴于我们对世界有限的认识，任何统计数据都是可靠的和或有效的吗？

操纵统计数据来支持论点，这种做法正确吗？你如何定义所谓的操纵？

数字指的是事物、思想、关系还是其他？

我们能在多大程度上用合乎逻辑的解释来描述这个世界？

把事物分成相等的部分，是否体现了不被他人思想左右的公平观念？

二元思维如何影响一个人对世界的看法？

数学和逻辑应该被看作一种更高级的知识吗？

数学和逻辑是否因其完备性而优于其他类型的知识？

"纯数学"可以帮助人有效利用时间和资源吗？

所有的事情都是可测量的吗？这对我们的测量观有什么影响？

数学（例如度量和抽象）如何用于政治目的？

政治家和管理者是否应（通过使用标号和一些抽象表达）把人们当作事物来对待？

许多数学定理似乎永远成立，这对我们对于现实的描述可能会产生什么后果？对我们认知的有效性呢？

在社会中的每个人都乐于学数学吗？为什么？

数学定理能证明上帝或造物主的存在吗？

是什么使序列、级数、方程等在美学上令人愉悦？

从政治和道德的角度看，数学是中立的吗？

数学上的无穷是指什么？

无穷有不同的类型吗？

如果不能通过经验来证明无穷和零，这对我们对现实的理解会产生怎样的影响？

有多少数学仅在理论上存在？这很重要吗？

11. 当代外国语言类问题

语言是否影响一个人对世界的看法？

多语言会如何影响一个人对现实（或语言）的理解？

翻译人员有责任做到译文和原文完全对等吗？

政府应该加强要求人们学习外语的力度吗？如果应该，为了减少排外情绪，或者为了改善国家的贸易地位是否算是正当的理由？

译文能传达原文的意思吗？

如果一个人学习了一门外语，他/她的理解是否受到自身文化或教育水平的限制？

将一门语言的学习与该语言发展的文化分离开来是正确的吗？

不同的语言在本质上代表不同的现实体验吗？

在学习一门外语时，人们是否了解这门外语所依赖的文化？

当我们提到"语言"时，我们指的是什么？

某个概念或想法是否只能用一种语言而无法另一种语言来表达？

假如学习者正在学习一门外语，应该教他/她这门语言的一些修辞和劝说技巧吗？

通过哄骗的方式，帮助学生学习一门新语言是正确的吗？

政治权力是如何通过语言表现出来的？（例如学习"女王英语（标准英语）"）

语言老师教授一门外语时，是否要对说这门外语的国家负有一定责任？

如果译者认为某种方式更有利，而在翻译的过程中作假，这样做是正确的吗？

我们真正认识自己声称认识的事物吗？如果我们声称认识我们的母语中所指的事物，那么我们认识外语中所指的事物吗？如何来证明？

如果两个人通过翻译来交流，他们能知道自己讲的话翻译得是否准确吗？如何来证明？

语言翻译中是否有不可译的情况？如果是，这可能会产生什么后果（尤其是对于知识传播而言）？

语言是技能吗？如果是，它对人们的世界观有什么影响？

口语和读写能力有何不同？它们是否为我们提供了认识世界的不同方式？

一个人能通过学习一门语言来了解审美的标准或判断的标准吗？

在决定学习一门新语言时，是否应该考虑道德或政治因素？

学习一门几乎没人使用的语言是在浪费时间吗？

将语言列为一门必修科目让学生学习，从而保护这门语言，这样的做法是否合理？

小学生学习外语的目的是什么？

12. 体育教育类问题

为了自己或团队的利益而作弊是正当的吗？

什么是"游戏"?

当我们使用"作弊"这个词时,这意味着什么?

我们有义务照顾好自己的身体吗?

运动员对他们所从事的运动了解多少?他们关于运动的知识和经验可以被传授给其他人吗?

为什么对一方而言,传球、投篮、扑救等是好的,而对另一方而言却不是呢?

为什么一些体育动作或戏剧作品会给人带来审美上的愉悦体验?

某人会拥有(超越语言的)身体知识吗?如果有,我们怎么证明他/她有?如果没有,那么爱运动的人所了解的身体知识是什么样的?

把身体想象成一台机器有用吗?为什么?这种观点可能会造成什么结果?

可以把身体比喻成机械装置吗?为什么?这种观点可能会造成什么结果?

将科学作为了解体育的一种手段的好处是什么?局限性是什么?

应该如何划分团队成员的责任?

团队是否应一同承担批评和表扬?

当竞争变成教学的一部分时,会造成问题吗?

社会应该重视体育吗?为什么?有何目的?

是否有裁判或裁判员能做到真正客观?

理性和情感在运动员的思维和动机中是如何体现的?

运动员应该服从教练的权威吗?

运动员应服从裁判员或裁判员的权威吗?为什么?理由是什么?

身体健康是为了实现某个目标吗？或者它本身就是目标吗？

为了团队的利益，个人愿意做出多少牺牲呢？为了未来能获得成功，个人愿意做出多少牺牲呢？

政府在体育资助和管理方面应该发挥什么作用？为什么？

为什么要遵守运动或比赛的规则？

是否允许为了提高比赛成绩而服用药物？

如果一名运动员服用了提高成绩的药物，但从未被发现，这样做对吗？

是否应允许对他人（或动物）使用身体暴力的运动存在？

胜利比任何事情都重要吗？

13. 全人教育类问题

什么是个体？

我们拥有统一的自我吗？

我们是随着时间而改变，还是因为情况而改变？这将如何影响我们对自己的了解或者他人对我们的看法？

什么事情是该做的？

在道德上你应该做到始终如一吗？为什么？

当我们提到"健康"时，这意味着什么？

我们对自己的身体有决定权吗？

在多大程度上应该允许个人决定自己的事情？（例如堕胎、安乐死和自杀）

我们对别人有义务吗？

在做决定时，利己主义是合法的吗？

当我们谈到自身利益时，我们指的是什么？是幸福、快乐、美德还是别的什么？

我们对自己的身体有责任吗？

生活中有不受政治影响的领域吗？个人政治观点不受政治影响吗？

国家有权力干涉个人事务吗？

国家应该让个人自主决定吗？为什么？在多大程度上？

当我们把某件事描述为"私人的"是什么意思？

爱是什么？

我们对性伴侣负有道德责任吗？如果是的话，是什么责任？

应该把性看作生活中一个特殊的领域，还是把它看作我们人际关系的一部分？

国家在公共卫生方面应该提供什么？是否应该免费提供计生用具、卫生巾、特殊护理等？

任何道德立场都能找到一个合理的解释吗？为什么？

为什么人们会这样做？这样的行为由什么样的目标、动机、理由和欲望等导致？因果关系能够充分地解释该行为吗？

一个人从小的成长环境、接受的教育和社会地位等会如何影响他/她对世界的理解和诠释？

我们能认识自己吗？如果能，如何认识自己？

我们能够和别人分享对自己的认识吗？

14. 宗教类问题

上帝存在吗?

我们能证明上帝存在/不存在吗?

宇宙是被设计出来的吗?宇宙有造物主吗?能证明吗?

奇迹能证明上帝存在吗?

为什么要遵守宗教的规则?

当我们使用"宗教"这个词时,指的是什么?

生命有意义吗?生命或宇宙有目的吗?这些问题的答案会对我们产生怎样的影响?

(上帝的)启示是一种知识吗?

上帝能被人们所了解吗?

如何来解释信仰?

科学会损害宗教思想或知识的权威吗?

会有人在任何情况下都用宗教规则作为指导吗?

人类有自由意志吗?

如果人类的自由意志违背了上帝的话语和法律,他们应该践行自己的自由意志吗?如果答案是肯定的,是否可以说人类有自由意志?如果答案是否定的,是否可以说上帝是万能的?

为什么世界上有邪恶?(如果上帝是万能的,是一心向善的,那么为什么邪恶会存在呢?)

上帝的本质是什么?

什么事情是值得做的?

（上帝的）启示、信仰或上帝是否为道德判断提供了一个根本原则？

宗教应该成为政治的一部分吗？

信教的人对他人负有义务吗？如果有，负有什么义务？为什么？

信教的人应该参与政治吗？

宗教信仰如何影响人们对物质世界的理解或信仰？

天堂存在吗？能证明吗？

宗教知识的本质是什么？

世俗社会是否应该容忍宗教信仰？世俗社会应该禁止所有宗教吗？

任何社会都能称得上是真正的世俗社会吗？

15. 科学类问题

科学知识的本质是什么？

归纳法能给我们提供终极定律吗？

科学在西方社会占有特殊地位吗？如果是，这会造成怎样的结果？

科学解释的局限性是什么？

数学模型乃至物理学模型，能否应用于整个科学领域？如果能，有什么理由？如果不能，那么科学的认知方式会带来怎样的影响？

哪个科学领域能比其他领域更有力地解释自然世界？（例如，物理是比化学更好的认识世界的方法吗？）为什么？

关于物质世界，我们能知道些什么？如何证明这些知识是正确的？

考虑到科学革命的历史，我们是否应该把所有的科学知识都看作是暂时的？

定量认识和定性认识有何不同？

科学能证明上帝不存在吗？

达尔文的进化论还没有得到确切的证实，这是否意味着我们应该在教授进化论的同时也教授其他理论？

科学家对他们的发现所造成的影响负责吗？

科学家应该考虑他们所做的事情的伦理意义吗？

科学家受雇于那些不愿透露如何利用研究成果的公司，这在伦理上合理吗？

科学的描述是解释吗？（例如，像"原子"和"基因"这样的词实际上是隐喻吗？）

任何事情都能完全客观吗？

如果我们将客观知识置于主观知识之上，会出现什么伦理问题呢？

科学的概念和范畴如何影响我们的语言？

人类有自由意志吗？还是我们的行为是被别人决定的？

因果关系是什么？这种关系能被证明吗？

通过感官接收到的信息可靠吗？

能否证明材料具有（或者存在）我们所尚未观察到的特性？

创造一个看似有效的理论来解释异常现象，或者是认真地整理所有可能的数据，哪种方式更好？

科学能让人类了解一切吗？

科学的概念和范畴如何影响我们的思维？

第12章

CHAPTER TWELVE

90个用于课堂总结的通用问题

这一章有90个可以用于课堂总结的问题，这些问题对于任何课程而言都是通用的，因此，无论你之前讲的是什么内容，都可以提问这些问题。

1. 你今天学到了什么？

2. 你今天学到的最重要的内容是什么？

3. 你现在学到了什么你之前不知道的内容？

4. 学完这节课之后，你的想法有什么变化？

5. 你今天学了哪三件事？

6. 你今天学习的重点是什么？为什么？

7. 学了我们今天所学的内容，你还想知道什么？

8. 你现在能做什么你之前做不了的事情？

9. 今天的课是如何改变你的知识和想法的？

10. 根据你今天所学的内容，你有什么问题？

11. 你认为我们为什么要学习这一课?

12. 对于以后的学生,你会对课程做出什么改变?为什么?

13. 你将来会如何运用今天所学到的知识?

14. 今天这节课的目的是什么?

15. 你如何运用今天所学到的知识?

16. 如果你要给低年级的学生上这堂课,你认为他们需要知道的重点是什么?

17. 根据我们今天所学到的内容,你认为我们下一步应该学习什么?为什么?

18. 你可以在什么地方用上你今天所学到的知识?

19. 在什么情况下,或者出于什么原因,我们需要用到今天学到的知识?

20. 你会怎样测试你的同伴,看看他们今天学到了什么?

21. 你会怎样向父母解释你今天学到了什么?

22. 你会怎样向一个外星人解释你今天学到的内容?

23. 你会怎样向比你年轻的人解释你今天学到的内容?

24. 你能把今天学习的内容和我们之前学过的东西联系起来吗?

25. 怎样将今天学习的内容与你已经知道的内容联系起来?

26. 今天的课还可以有怎样的不同?这可能会导致什么结果呢?

27. 我们怎么能以不同的方式学到同样的东西呢?

28. 谁会在日常生活中运用我们今天所学到的知识呢?

29. 你今天的学习怎么样?为什么?

30. 下节课你该如何改进你的学习?

31. 这节课的优点和缺点是什么？

32. 这节课你使用了什么技巧？

33. 在这节课中，你提高了哪些技能？你是如何提高它们的？

34. 在这节课中，你学到了什么知识？

35. 将来你会如何运用这节课所学到的知识？

36. 在这节课上，你是如何与同学互动的？

37. 这节课你从自己身上看到了什么优点和缺点？

38. 下一次课你会对自己的学习方式做出什么改变？

39. 今天的课让你感觉如何？

40. 你觉得自己在多大程度上参与了今天的课程？为什么？

41. 你觉得你从今天的课中学到了什么？为什么？

42. 你是怎么学会这节课程的？

43. 今天的课在哪些方面改变了你的想法？

44. 如果你回到过去，重新开始今天的课程，你会在哪些方面做出改变？为什么？

45. 这节课你怎么能做得不一样呢？这会产生什么影响呢？

46. 你在这节课开始、中间和结束时都有什么感觉？

47. 在今天的课堂中，你是如何运用你现有的技能和知识的？

48. 这节课你哪些方面做得好？为什么？

49. 你能把今天所学的内容写成一首诗吗？

50. 你能根据今天的课编一个小故事吗？

51. 你能根据今天的课列出五个问题，然后用这些题来考察你的同伴吗？

52. 你能画一张图画来展示你今天学到的东西吗?

53. 你能画一组连环画来展示你今天学到的知识吗?

54. 你能画一组连环画来展示你将来如何运用今天学到的知识吗?

55. 你能给明年要学习这门课的学生写封信解释今天的课程是关于什么的吗?

56. 你能写一篇演讲,说服别人我们今天学到的东西很重要吗?

57. 你能总结一下今天学习的五个要点吗?

58. 你能创造一个思维导图来展示我们今天所学到的东西吗?

59. 你如何把今天的学习和你已经知道的东西结合起来呢?

60. 你能把今天所学的东西和你现有的技能或知识结合起来吗?

61. 你用什么标准来判断一个人是否完全理解了今天的课程?

62. 今天的课如何与你现有的知识相联系?

63. 今天的课和我们之前学习的领域有什么联系?

64. 今天的课与大纲上其他方面是如何联系的?

65. 和你的同伴互换作业,并做出评价:他们在哪些方面做得很好? 他们应如何改进?

66. 评估你自己的作业:你在哪些方面做得很好? 如何改进?

67. 你在今天的课上展示了什么优点? 你还有哪些需要改进的地方?

68. 你会怎么教今天的课? 为什么?

69. 你今天遇到了什么困难? 你是怎么处理的?

70. 如果学生对今天的话题不熟悉,他们可能会遇到什么困难?

71. 用学习目标来评估你的学习:你达到目标了吗? 如何实现的? 如果没有,你还需要做什么来完成它?

72. 你如何证明你今天学到了什么？

73. 要了解某人是否理解了今天的课程，你会问什么关键的问题？

74. 你怎样把今天的课转换成图表呢？

75. 你如何用符号解释我们今天所学到的东西？

76. 你如何用你的身体来表达你今天所学到的东西？

77. 你觉得你从今天的课中学到了什么？

78. 下一步我们应学习什么？为什么？

79. 为什么大人们认为在当今的课堂上让孩子们了解我们已有的研究成果很重要？

80. 下个月你会把今天学到的东西用到哪里？

81. 你如何用颜色和形状来描述今天的课程体验？

82. 我们今天学到的东西有用吗？为什么？

83. 在过去的几堂课中，我们学到的最重要的东西是什么？为什么？

84. 把你现在知道的和你刚开始上课时知道的东西做个比较，有什么不同呢？

85. 回忆一下我们今天所学到的内容，你能想象下一节课会有什么不同吗？

86. 把你这节课学到的知识和上节课学到的知识做个比较，有什么相似之处？有什么不同？

87. 你能给外星人发一条信息解释你今天学到了什么吗？

88. 你能用符号来表示你今天学到了什么吗？

89. 你能把你学习的部分内容做成模型吗？

90. 你能从今天的课程中提炼出一个关键的概念吗？

第13章

CHAPTER THIRTEEN

如何围绕主题
创建问题

本章提供了一个如何围绕特定主题创建问题的例子。例子的主题是"过去"。同第6章至第10章一样，我们用字母"X"来表示问题的主体。请看例子：

过去X会有什么不同？

可以这样提问：

过去人们对麦克白的看法会有何不同？

或者

过去的科学实验有何不同？

或者

过去的平面设计有何不同？

等等。

这一系列的问题表明，你可以选定一个与你的研究对象相关的主题，从不同的角度来提问。你可以创建一个通用问题合集，合集中的问题可以拿来反复使用。

和"过去"相关的问题如下：

1. 过去X会有什么不同？

2. 过去的什么事情可能影响了X？

3. 时间的流逝会如何改变X？

4. 我们能知道X在过去是什么样的吗？为什么？

5. 基于我们对过去的了解，我们如何解释X？

6. 为什么今天的X和过去的X不同？

7. 今天的X和过去的X是什么关系？

8. X会如何随时间变化？为什么？是什么导致了这些变化？

9. X怎么能一直保持不变？为什么？是什么导致了这种情况？

10. 随着时间的推移，X的不同部分会受到怎样不同的影响？

11. 我们与X的互动与过去的人有何不同？

12. 如果X的组成部分在过去和现在是一样的，会有什么样的结果？

13. 我们能否利用关于过去的X的知识来预测未来的X？

14. 如果Y发生了，X会有什么不同？

15. 什么因素影响了X的发展？

16. 过去所有X的情况都一样吗？为什么？这意味着什么？

17. 过去是如何塑造X的？

18. X的过去是如何影响它的？

19. 今天的X和过去的X有什么相似之处？

20. X的变化率会随时间如何变化?

21. 我们可以用现在的X来推断出过去的X吗? 如何实现? 我们如何验证得出的结果?

22. 你认为X一直保持在过去水平的可能性有多大? 为什么会这么想?

23. 从X的历史, 我们能看到X的今天吗?

24. 在不同的情况或影响下, X会随着时间发生怎样的变化?

25. 今天的X和过去的X在多大程度上相同? 为什么? 你怎么知道的? 你会如何验证你的想法?

你会发现把"过去"当作一个中心词, 围绕着"过去", 我们可以提问各种各样有趣的、吸引人的问题。这个提问技巧适用于任何主题, 不局限于某一门课程。

第14章
CHAPTER FOURTEEN

结语：
好问题胜过好答案

好了，这就是本书的全部内容，一本可以帮助你在课堂上提问的教学指南。要记住，在课堂上，好问题的作用要远远胜过好答案。当然，世界上没有十全十美的书，你可以根据自己的经历完善你的教学宝典。

最后，有必要提醒老师们注意一下课堂提问时的几个要点：

- 所有的问题都有一些共同特点。

- 问题引导作答者如何回答。

- 开放式问题通常比封闭式问题更有效。

- 教师可以通过有技巧的提问来得到他们想要的答案。

- 仔细地、批判性地思考如何提书面问题和口头问题，将会有助于你的教学，也会帮助你的学生取得显著的进步。

这本书提供了一系列的技巧、策略、活动、想法和示例问题，这将使你成为课堂提问的专家。学会使用这些问题，同时加以反思，根据自己的想法调整这些问题，使之更适合你的课堂，你的教学会有很大改进，你的学生也将会受益良多。

就说这么多吧，祝你好运，享受提问带来的快乐。或许我们应该以一个问题结束本书——你觉得本书怎么样？

"常青藤" 书系—中青文教师用书总目录

书名	书号	定价
特别推荐——从优秀到卓越系列		
★ 从优秀教师到卓越教师：极具影响力的日常教学策略	9787515312378	33.80
★ 从优秀教学到卓越教学：让学生专注学习的最实用教学指南	9787515324227	39.90
★ 从优秀学校到卓越学校：他们的校长在哪些方面做得更好	9787515325637	59.90
★ 卓越课堂管理（中国教育新闻网2015年度"影响教师的100本书"）	9787515331362	88.00
名师新经典/教育名著		
最难的问题不在考试中：先别教答案，带学生自己找到想问的事	9787515365930	48.00
在芬兰中小学课堂观摩研修的365日	9787515363608	49.00
马文·柯林斯的教育之道：通往卓越教育的路径（《中国教育报》2019年度"教师喜爱的100本书"，中国教育新闻网"影响教师的100本书"。朱永新作序，李希贵力荐）	9787515355122	49.80
如何当好一名学校中层：快速提升中层能力、成就优秀学校的31个高效策略	9787515346519	49.00
像冠军一样教学：引领学生走向卓越的62个教学诀窍	9787515343488	49.00
像冠军一样教学2：引领教师掌握62个教学诀窍的实操手册与教学资源	9787515352022	68.00
★ 如何成为高效能教师	9787515301747	89.00
★ 给教师的101条建议（第三版）（《中国教育报》"最佳图书"奖）	9787515342665	49.00
★ 改善学生课堂表现的50个方法（入选《中国教育报》"影响教师的100本书"）	9787500693536	33.00
改善学生课堂表现的50个方法操作指南：小技巧获得大改变	9787515334783	39.00
美国中小学世界历史读本/世界地理读本/艺术史读本	9787515317397等	106.00
美国语文读本1-6	9787515314624等	252.70
和优秀教师一起读苏霍姆林斯基	9787500698401	27.00
快速破解60个日常教学难题	9787515339320	39.90
★ 美国最好的中学是怎样的——让孩子成为学习高手的乐园	9787515344713	28.00
建立以学习共同体为导向的师生关系：让教育的复杂问题变得简单	9787515353449	33.80
教师成长/专业素养		
精益教育与可见的学习：如何用更精简的教学实现更好的学习成果	9787515368672	59.00
教学这件事：感动几代人的教师专业成长指南	9787515367910	49.00
如何更快地变得更好：新教师90天培训计划	9787515365824	59.90
让每个孩子都发光：赋能学生成长、促进教师发展的KIPP学校教育模式	9787515366852	59.00
60秒教师专业发展指南：给教师的239个持续成长建议	9787515366739	59.90
通过积极的师生关系提升学生成绩：给教师的行动清单	9787515356877	49.00
卓越教师工具包：帮你顺利度过从教的前5年	9787515361345	49.00
★ 可见的学习与深度学习：最大化学生的技能、意志力和兴奋感	9787515361116	45.00
学生教给我的17件重要的事：带给你爱、勇气、坚持和创意的人生课堂	9787515361208	39.80
★ 教师如何持续学习与精进	9787515361109	39.00
从实习教师到优秀教师	9787515358673	39.90
像领袖一样教学：改变学生命运，使学生变得更好（中国教育新闻网2015年度"影响教师的100本书"）	9787515355375	49.00
★ 你的第一年：新教师如何生存和发展	9787515351599	33.80
教师精力管理：让教师高效教学，学生自主学习	9787515349169	28.00
如何使学生成为优秀的思考者和学习者：哈佛大学教育学院课堂思考解决方案	9787515348155	49.90
反思性教学：一个已被证明能让教师做到更好的培训项目（30周年纪念版）	9787515347837	59.90
★ 凭什么让学生服你：极具影响力的日常教育策略（中国教育新闻网2017年度"影响教师的100本书"）	9787515347554	39.90
运用积极心理学提高学生成绩（中国教育新闻网2017年度"影响教师的100本书"）	9787515345680	59.90
可见的学习与思维教学：成长型思维教学的54个教学资源：教学资源版	9787515354743	36.00

	书名	书号	定价
★	可见的学习与思维教学：让教学对学生可见，让学习对教师可见（中国教育报2017年度"教师最喜爱的100本书"）	9787515345000	39.90
	教学是一段旅程：成长为卓越教师你一定要知道的事	9787515344478	39.00
	安奈特·布鲁肖写给教师的101首诗	9787515340982	35.00
	万人迷老师养成宝典学习指南	9787515340784	28.00
	中小学教师职业道德培训手册：师德的定义、养成与评估	9787515340777	32.00
	成为顶尖教师的10项修炼（中国教育新闻网2015年度"影响教师的100本书"）	9787515334066	49.90
★	T. E. T. 教师效能训练：一个已被证明能让所有年龄学生做到最好的培训项目（30周年纪念版）（中国教育新闻网2015年度"影响教师的100本书"）	9787515332284	49.00
	教学需要打破常规：全世界最受欢迎的创意教学法（中国教育新闻网2015年度"影响教师的100本书"）	9787515331591	45.00
	给幼儿教师的100个创意：幼儿园班级设计与管理	9787515330310	39.90
	给小学教师的100个创意：发展思维能力	9787515327402	29.00
	给中学教师的100个创意：如何激发学生的天赋和特长 / 杰出的教学 / 快速改善学生课堂表现	9787515330723等	87.90
	以学生为中心的翻转教学11法	9787515328386	29.00
	如何使教师保持职业激情	9787515305868	29.00
★	如何培训高效能教师：来自全美权威教师培训项目的建议	9787515324685	39.90
	良好教学效果的12试金石：每天都需要专注的事情清单	9787515326283	29.90
★	让每个学生主动参与学习的37个技巧	9787515320526	45.00
	给教师的40堂培训课：教师学习与发展的最佳实操手册	9787515352787	39.90
	提高学生学习效率的9种教学方法	9787515310954	27.80
★	优秀教师的课堂艺术：唤醒快乐积极的教学技能手册	9787515342719	26.00
★	万人迷老师养成宝典（第2版）（入选《中国教育报》"2010年影响教师的100本书"）	9787515342702	39.00
	高效能教师的9个习惯	9787500699316	26.00
课堂教学/课堂管理			
★	像行为管理大师一样管理你的课堂：给教师的课堂行为管理解决方案	9787515368108	59.00
	差异化教学与个性化教学：未来多元课堂的智慧教学解决方案	9787515367095	49.90
	如何设计线上教学细节：快速提升线上课程在线率和课堂学习参与度	9787515365886	49.00
	设计型学习法：教学与学习的重新构想	9787515366982	59.00
	让学习真正在课堂上发生：基于学习状态、高度参与、课堂生态的深度教学	9787515366975	49.00
	让教师变得更好的75个方法：用更少的压力获得更快的成功	9787515365831	49.00
	技术如何改变教学：使用课堂技术创造令人兴奋的学习体验，并让学生对学习记忆深刻	9787515366661	49.00
	课堂上的问题形成技术：老师怎样做，学生才会提出好的问题	9787515366401	45.00
	翻转课堂与项目式学习	9787515365817	45.00
★	优秀教师一定要知道的19件事：回答教师核心素养问题，解读为什么要向优秀者看齐	9787515366630	39.00
	从作业设计开始的30个创意教学法：运用互动反馈循环实现深度学习	9787515366364	59.00
	基于课堂中精准理解的教学设计	9787515365909	49.00
	如何创建培养自主学习者的课堂管理系统	9787515365879	49.00
	如何设计深度学习的课堂：引导学生学习的176个教学工具	9787515366715	49.90
	如何提高课堂创意与参与度：每个教师都可以使用的178个教学工具	9787515365763	49.90
	如何激活学生思维：激励学生学习与思考的187个教学工具	9787515365770	49.90
	男孩不难教：男孩学业、态度、行为问题的新解决方案	9787515364827	49.00
★	高度参与的线上线下融合式教学设计：极具影响力的备课、上课、练习、评价项目教学法	9787515364438	49.00
	跨学科项目式教学：通过"+1"教学法进行计划、管理和评估	9787515361086	49.00
	课堂上最重要的56件事	9787515360775	35.00
★	全脑教学与游戏教学法	9787515360690	39.00

	书名	书号	定价
★	深度教学：运用苏格拉底式提问法有效开展备课设计和课堂教学	9787515360591	49.90
★	一看就会的课堂设计：三个步骤快速构建完整的课堂管理体系	9787515360584	39.90
	如何有效激发学生学习兴趣	9787515360577	38.00
	如何解决课堂上最关键的9个问题	9787515360195	49.00
	多元智能教学法：挖掘每一个学生的最大潜能	9787515359885	39.90
★	探究式教学：让学生学会思考的四个步骤	9787515359496	39.00
	课堂提问的技术与艺术	9787515358925	49.00
	如何在课堂上实现卓越的教与学	9787515358321	49.00
	基于学习风格的差异化教学	9787515358437	39.90
★	如何在课堂上提问：好问题胜过好答案	9787515358253	39.00
★	高度参与的课堂：提高学生专注力的沉浸式教学	9787515357522	39.90
	让学习变得有趣	9787515357782	39.00
★	如何利用学校网络进行项目式学习和个性化学习	9787515357591	39.90
	基于问题导向的互动式、启发式与探究式课堂教学法	9787515356792	49.00
	如何在课堂中使用讨论：引导学生讨论式学习的60种课堂活动	9787515357027	38.00
	如何在课堂中使用差异化教学	9787515357010	39.90
★	如何在课堂中培养成长型思维	9787515356754	39.90
	每一位教师都是领导者：重新定义教学领导力	9787515356518	39.90
★	教室里的1-2-3魔法教学：美国广泛使用的从学前到八年级的有效课堂纪律管理	9787515355986	39.90
	如何在课堂中使用布卢姆教育目标分类法	9787515355658	39.00
	如何在课堂上使用学习评估	9787515355597	39.00
	7天建立行之有效的课堂管理系统：以学生为中心的分层式正面管教	9787515355269	29.90
	积极课堂：如何更好地解决课堂纪律与学生的冲突	9787515354590	38.00
	设计智慧课堂：培养学生一生受用的学习习惯与思维方式	9787515352770	39.00
	追求学习结果的88个经典教学设计：轻松打造学生积极参与的互动课堂	9787515353524	39.00
	从备课开始的100个课堂活动设计：创造积极课堂环境和学习乐趣的教师工具包	9787515353432	33.80
	老师怎么教，学生才能记得住	9787515353067	48.00
	多维互动式课堂管理：50个行之有效的方法助你事半功倍	9787515353395	39.80
	智能课堂设计清单：帮助教师建立一套规范程序和做事方法	9787515352985	49.90
	提升学生小组合作学习的56个策略：让学生变得专注、自信、会学习	9787515352954	29.90
	快速处理学生行为问题的52个方法：让学生变得自律、专注、爱学习	9787515352428	39.00
	王牌教学法：罗恩·克拉克学校的创意课堂	9787515352145	39.80
	让学生快速融入课堂的88个趣味游戏：让上课变得新颖、紧凑、有成效	9787515351889	39.00
★	如何调动与激励学生：唤醒每个内在学习者（李希贵校长推荐全校教师研读）	9787515350448	39.80
	合作学习技能35课：培养学生的协作能力和未来竞争力	9787515340524	59.00
	基于课程标准的STEM教学设计：有趣有料有效的STEM跨学科培养教学方案	9787515349879	68.00
	如何设计教学细节：好课堂是设计出来的	9787515349152	39.00
	15秒课堂管理法：让上课变得有料、有趣、有秩序	9787515348490	49.00
	混合式教学：技术工具辅助教学实操手册	9787515347073	39.80
	从备课开始的50个创意教学法	9787515346618	39.00
	中学生实现成绩突破的40个引导方法	9787515345192	33.00
	给小学教师的100个简单的科学实验创意	9787515342481	39.00
	老师如何提问，学生才会思考	9787515341217	49.00
	教师如何提高学生小组合作学习效率	9787515340340	39.00
	卓越教师的200条教学策略	9787515340401	49.90
	中小学生执行力训练手册：教出高效、专注、有自信的学生	9787515335384	49.90

书名	书号	定价
从课堂开始的创客教育：培养每一位学生的创造能力	9787515342047	33.00
提高学生学习专注力的8个方法：打造深度学习课堂	9787515333557	35.00
改善学生学习态度的58个建议	9787515324067	36.00
★ 全脑教学（中国教育新闻网2015年度"影响教师的100本书"）	9787515323169	38.00
★ 全脑教学与成长型思维教学：提高学生学习力的92个课堂游戏	9787515349466	39.00
★ 哈佛大学教育学院思维训练课：让学生学会思考的20个方法	9787515325101	59.90
完美结束一堂课的35个好创意	9787515325163	28.00
如何更好地教学：优秀教师一定要知道的事	9787515324609	49.90
带着目的教与学	9787515323978	39.90
★ 美国中小学生社会技能课程与活动（学前阶段/1-3年级/4-6年级/7-12年级）	9787515322537等	215.70
彻底走出教学误区：开启轻松智能课堂管理的45个方法	9787515322285	28.00
破解问题学生的行为密码：如何教好焦虑、逆反、孤僻、暴躁、早熟的学生	9787515322292	36.00
13个教学难题解决手册	9787515320502	28.00
★ 让学生爱上学习的165个课堂游戏	9787515319032	39.00
美国学生游戏与素质训练手册：培养孩子合作、自尊、沟通、情商的103种教育游戏	9787515325156	49.00
老师怎么说，学生才会听	9787515312057	39.00
快乐教学：如何让学生积极与你互动（入选《中国教育报》"影响教师的100本书"）	9787500696087	29.00
★ 老师怎么教，学生才会提问	9787515317410	29.00
★ 快速改善课堂纪律的75个方法	9787515313665	39.90
★ 教学可以很简单：高效能教师轻松教学7法	9787515314457	39.00
★ 好老师可以避免的20个课堂错误（入选《中国教育报》"影响教师的100本图书"）	9787500688785	39.90
好老师应对课堂挑战的25个方法（《给教师的101条建议》作者新书）	9787500699378	25.00
好老师激励后进生的21个课堂技巧	9787515311838	39.80
★ 开始和结束一堂课的50个好创意	9787515312071	29.80
好老师因材施教的12个方法（美国著名教师伊莉莎白"好老师"三部曲）	9787500694847	22.00
★ 如何打造高效能课堂	9787500680666	29.00
合理有据的教师评价：课堂评估衡量学生进步	9787515330815	29.00
班主任工作/德育		
★ 北京四中8班的教育奇迹	9787515321608	36.00
★ 师德教育培训手册	9787515326627	29.80
中小学教师职业道德培训手册：师德的定义、养成与评估	9787515340777	32.00
★ 好老师征服后进生的14堂课（美国著名教师伊莉莎白"好老师"三部曲）	9787500693819	39.90
优秀班主任的50条建议：师德教育感动读本（《中国教育报》专题推荐）	9787515305752	23.00
学校管理/校长领导力		
如何构建积极型学校	9787515368818	49.90
卓越课堂的50个关键问题	9787515366678	39.00
如何培育卓越教师：给学校管理者的行动清单	9787515357034	39.00
★ 学校管理最重要的48件事	9787515361055	39.80
重新设计学习和教学空间：设计利于活动、游戏、学习、创造的学习环境	9787515360447	49.90
重新设计一所好学校：简单、合理、多样化地解构和重塑现有学习空间和学校环境	9787515356129	49.00
让樱花绽放英华	9787515355603	79.00
学校管理者平衡时间和精力的21个方法	9787515349886	29.90
校长引导中层和教师思考的50个问题	9787515349176	29.00
如何定义、评估和改变学校文化	9787515340371	29.80
优秀校长一定要做的18件事（入选《中国教育报》"2009年影响教师的100本书"）	9787515342733	39.90

书名	书号	定价
学科教学/教科研		
中学古文观止50讲：文言文阅读能力提升之道	9787515366555	59.90
完美英语备课法：用更短时间和更少材料让学生高度参与的100个课堂游戏	9787515366524	49.00
人大附中整本书阅读取胜之道：让阅读与作文双赢	9787515364636	59.90
北京四中语文课：千古文章	9787515360973	59.00
北京四中语文课：亲近经典	9787515360980	59.00
从备课开始的56个英语创意教学：快速从小白老师到名师高手	9787515359878	49.90
美国学生写作技能训练	9787515355979	39.90
《道德经》妙解、导读与分享（诵读版）	9787515351407	49.00
京沪穗江浙名校名师联手教你：如何写好中考作文	9787515356570	49.90
京沪穗江浙名校名师联手授课：如何写好高考作文	9787515356686	49.80
★ 人大附中中考作文取胜之道	9787515345567	39.80
★ 人大附中高考作文取胜之道	9787515320694	49.90
★ 人大附中学生这样学语文：走近经典名著	9787515328959	49.90
四界语文（入选《中国教育报》2017年度"教师喜爱的100本书"）	9787515348483	49.00
让小学一年级孩子爱上阅读的40个方法	9787515307589	39.90
让学生爱上数学的48个游戏	9787515326207	26.00
轻松100课教会孩子阅读英文	9787515338781	88.00
情商教育/心理咨询		
9节课，教你读懂孩子：妙解亲子教育、青春期教育、隔代教育难题	9787515351056	39.80
★ 学生版盖洛普优势识别器（独一无二的优势测量工具）	9787515350387	169.00
与孩子好好说话（获"美国国家育儿出版物（NAPPA）金奖"）	9787515350370	39.80
中小学心理教师的10项修炼	9787515309347	36.00
★ 别和青春期的孩子较劲（增订版）（入选《中国教育报》"2009年影响教师的100本书"）	9787515343075	39.90
★ 100条让孩子胜出的社交规则	9787515327648	28.00
守护孩子安全一定要知道的17个方法	9787515326405	32.00
幼儿园/学前教育		
中挪学前教育合作式学习：经验·对话·反思	9787515364858	79.00
幼小衔接听读能力课	9787515364643	33.00
用蒙台梭利教育法开启0~6岁男孩潜能	9787515361222	45.00
德国幼儿的自我表达课：不是孩子爱闹情绪，是她/他想说却不会说！	9787515359458	59.00
德国幼儿教育成功的秘密：近距离体验德国学前教育理念与幼儿园日常活动安排	9787515359465	49.80
美国儿童自然拼读启蒙课：至关重要的早期阅读训练系统	9787515351933	49.80
幼儿园30个大主题活动精选：让工作更轻松的整合技巧	9787515339627	39.80
★ 美国幼儿教育活动大百科：3-6岁儿童学习与发展指南用书 科学／艺术／健康与语言／社会	9787515324265等	600.00
蒙台梭利早期教育法：3-6岁儿童发展指南（理论版）	9787515322544	29.80
蒙台梭利儿童教育手册：3-6岁儿童发展指南（实践版）	9787515307664	33.00
★ 自由地学习：华德福的幼儿园教育	9787515328300	49.90
赞美你：奥巴马给女儿的信	9787515303222	19.90
史上最接地气的幼儿书单	9787515329185	39.90
教育主张/教育视野		
重新定义学习：如何设计未来学校与引领未来学习	9787515367484	49.90
教育新思维：帮助孩子达成目标的实战教学法	9787515365848	49.00
学习是如何发生的：教育心理学中的开创性研究及其实践意义	9787515366531	59.90
父母不应该错过的犹太人育儿法	9787515365688	59.00

书名	书号	定价
如何在线教学：教师在智能教育新形态下的生存与发展	9787515365855	49.00
正向养育：黑幼龙的慢养哲学	9787515365671	39.90
颠覆教育的人：蒙台梭利传	9787515365572	59.90
如何科学地帮助孩子学习：每个父母都应知道的77项教育知识	9787515368092	59.00
学习的科学：每位教师都应知道的99项教育研究成果（升级版）	9787515368078	59.90
学习的科学：每位教师都应知道的77项教育研究成果	9787515364094	59.00
真实性学习：如何设计体验式、情境式、主动式的学习课堂	9787515363769	49.00
哈佛前1%的秘密（俞敏洪、成甲、姚梅林、张梅玲推荐）	9787515363349	59.90
基于七个习惯的自我领导力教育设计：让学校育人更有道，让学生自育更有根	9787515362809	69.00
终身学习：让学生在未来拥有不可替代的决胜力	9787515360560	49.90
颠覆性思维：为什么我们的阅读方式很重要	9787515360393	39.90
如何教学生阅读与思考：每位教师都需要的阅读训练手册	9787515359472	39.00
成长型教师：如何持续提升教师成长力、影响力与教育力	9787515368689	48.00
教出阅读力	9787515352800	39.90
为学生赋能：当学生自己掌控学习时，会发生什么	9787515352848	33.00
如何用设计思维创意教学：风靡全球的创造力培养方法	9787515352367	39.80
如何发现孩子：实践蒙台梭利解放天性的趣味游戏	9787515325750	32.00
如何学习：用更短的时间达到更佳效果和更好成绩	9787515349084	49.00
教师和家长共同培养卓越学生的10个策略	9787515331355	27.00
★ 如何阅读：一个已被证实的低投入高回报的学习方法	9787515346847	39.00
★ 芬兰教育全球第一的秘密（钻石版）（《中国教育报》等主流媒体专题推荐）	9787515359922	59.00
世界最好的教育给父母和教师的45堂必修课（《芬兰教育全球第一的秘密》2）	9787515342696	28.00
★ 杰出青少年的7个习惯（精英版）	9787515342672	39.00
杰出青少年的7个习惯（成长版）	9787515335155	29.00
★ 杰出青少年的6个决定（领袖版）（全国优秀出版物奖）	9787515342658	49.90
★ 7个习惯教出优秀学生（第2版）（全球畅销书《高效能人士的七个习惯》教师版）	9787515342573	39.90
学习的科学：如何学习得更好更快（入选中国教育网2016年度"影响教师的100本书"）	9787515341767	39.80
杰出青少年构建内心世界的5个坐标（中国青少年成长公开课）	9787515314952	59.00
★ 跳出教育的盒子（第2版）（美国中小学教学经典畅销书）	9787515344676	35.00
夏烈教授给高中生的19场讲座	9787515318813	29.90
★ 学习之道：美国公认经典学习书	9787515342641	39.00
★ 翻转学习：如何更好地实践翻转课堂与慕课教学（中国教育新闻网2015年度"影响教师的100本书"）	9787515334837	32.00
★ 翻转课堂与慕课教学：一场正在到来的教育变革	9787515328232	26.00
翻转课堂与混合式教学：互联网+时代，教育变革的最佳解决方案	9787515349022	29.80
翻转课堂与深度学习：人工智能时代，以学生为中心的智慧教学	9787515351582	29.80
★ 奇迹学校：震撼美国教育界的教学传奇（中国教育新闻网2015年度"影响教师的100本书"）	9787515327044	36.00
★ 学校是一段旅程：华德福教师1-8年级教学手记	9787515327945	49.00
★ 高效能人士的七个习惯（30周年纪念版）（全球畅销书）	9787515360430	79.00

您可以通过如下途径购买：

1. 书　　店：各地新华书店、教育书店。
2. 网上书店：当当网（www.dangdang.com）、天猫（zqwts.tmall.com）、京东网（www.jd.com）。
3. 团　　购：各地教育部门、学校、教师培训机构、图书馆团购，可享受特别优惠。
　　购书热线：010-65511272 / 65516873